Tesoros de lectura

En voz alta
ANTOLOGÍA INTERACTIVA

Grado 4

Macmillan/McGraw-Hill

AGRADECIMIENTOS

"El caso del fabricante de músculos," translation of "The Case of the Muscle Maker" from ENCYCLOPEDIA BROWN SOLVES THEM ALL by Donald J. Sobol. Copyright © 1968 by Donald J. Sobol. Used by permission of Thomas Nelson Inc.

"Algunos ríos," translation of "Some Rivers" by Frank Asch from MY AMERICA: A POETRY ATLAS OF THE UNITED STATES by Lee Bennett Hopkins. Copyright © 2000 by Lee Bennett Hopkins. Used by permission of Simon & Schuster Books for Young Readers, an imprint of Simon & Schuster Children's Publishing Division.

"Perseverancia," translation of "Persistence" by Paul W. Richards from *Highlights for Children*, January 2004, Vol. 59, Issue 1. Copyright © 2004 by Highlights for Children. Used by permission of Highlights for Children.

SILVESTRE Y PANTANOSO, translation of excerpt from WILD AND SWAMPY by Jim Arnosky. Copyright © 2000 by Jim Arnosky. Used by permission of HarperCollins Publishers.

EL REGALO DE FRANCIA, translation of excerpt from LILY AND MISS LIBERTY by Carla Stevens. Copyright © 1992 by Carla Stevens. Used by permission of Scholastic Inc.

"Erh-Lang," translation of "Erh-Lang and the Suns" from THE MAGIC BOAT AND OTHER CHINESE FOLK STORIES by M. A. Jagendorf and Virginia Weng. Copyright © 1980 by M. A. Jagendorf and Virginia Weng. Used by permission of Gage Publishing Co.

"Qué significó el servicio de la REA para nuestra granja," translation of "What REA Service Means to Our Farm Home" by Rose Dudley Scearce from *Rural Electrification News*, March 1939. Copyright © 1939 by Rural Electrification Administration. Used by permission of Rural Electrification Administration.

"Animales asombrosos," translation of "The Odd Couple," "Yes, Deer," and "Spotty Friendship" from *National Geographic Kids*, May, July/August, and September 2004. Copyright © 2004 by National Geographic Kids. Used by permission of National Geographic Kids.

"Tengo un sueño," translation of excerpt from "I Have a Dream," speech by Dr. Martin Luther King, Jr. Copyright © 1963 by Writers House. Used by permission of Writers House.

EL CLUB DE LOS RICOS, translation of excerpt from THE GET RICH QUICK CLUB by Dan Gutman. Copyright © 2004 by Dan Gutman. Used by permission of HarperCollins Publishers.

"Antiguos guerreros crow," translation of "Old Crow Warriors" by Frederick M. Howe III, from NIGHT IS GONE, DAY IS STILL COMING, edited by Annette Piña Ochoa, Betsy Franco, and Traci L. Gourdine. Copyright © 2003 by Annette Piña Ochoa, Betsy Franco, and Traci L. Gourdine. Used by permission of Candlewick Press.

LA DANZA DEL AGUA, translated from WATER DANCE by Thomas Locker. Copyright © 1997 by Thomas Locker. Used by permission of Harcourt Brace & Company..

Continúa en la página 234

A

CONTENIDO

Unidad 6

Obras de teatro y lecturas en coro

En voz alta

ANTOLOGÍA INTERACTIVA

Desarrollo de la comprensión auditiva

Leer en voz alta ayuda a los estudiantes a desarrollar la comprensión auditiva. Esta antología ofrece selecciones de una variedad de géneros para trabajar en clase: biografía, ficción, cuentos folclóricos, no ficción, fuentes primarias, canciones y poesía. Cada selección incluye instrucciones para el desarrollo de **estrategias de comprensión** específicas. Se pide a los estudiantes que **establezcan un propósito para escuchar la selección** y que determinen el **propósito del autor** para escribir. Con estas instrucciones Leer en voz alta será una experiencia de aprendizaje placentera y de gran beneficio para los estudiantes.

¿Por qué esta antología es interactiva?

La sección **Maestro: Pensar en voz alta** de cada selección sirve como modelo para usar las estrategias de comprensión durante la lectura. Las secciones de Pensar en voz alta permiten que los estudiantes escuchen y observen el modo en que un buen lector emplea las estrategias para comprender el significado de un texto. Después de la lectura, los estudiantes tienen la oportunidad de aplicar las estrategias de comprensión. Además, se les pide que "piensen en voz alta" cuando aplican una estrategia. Al escuchar **Estudiante: Pensar en voz alta** podrá determinar si los estudiantes están aplicando la estrategia de comprensión adecuada y si entienden el significado.

Las **Hojas reproducibles de Pensar en voz alta** incluidas en el libro ofrecen inicios de oraciones para ayudar a los estudiantes a "pensar en voz alta" una estrategia.

Obras de teatro y lecturas en coro

Teatro de lectores para desarrollar la fluidez

Puede utilizar las obras de teatro y lecturas en coro que se encuentran al final de esta antología para que los estudiantes representen un Teatro de lectores.

La fluidez en la lectura se adquiere mediante la lectura repetitiva de un texto, especialmente en forma oral. El Teatro de lectores ayuda a los estudiantes a desarrollar destrezas de fluidez porque los involucra en una actividad muy motivadora que les brinda la posibilidad de leer, y volver a leer, un texto en forma oral. A medida que los estudiantes practican las partes asignadas del "guión", tienen varias oportunidades de mejorar la precisión en el reconocimiento de palabras y en el ritmo de lectura. También se anima a los estudiantes a practicar la lectura con el fraseo y la expresión adecuados.

Representación del Teatro de lectores

• Distribuya los personajes.

• No asigne siempre el personaje con mayor cantidad de texto al lector que se expresa con más fluidez. Los estudiantes que necesitan practicar la lectura deben tener amplias oportunidades para hacerlo.

• Pida a los estudiantes que ensayen la obra leyendo una y otra vez el guión durante varios días. Durante los ensayos, destine tiempo para los comentarios del maestro y de los compañeros acerca del ritmo, el fraseo y la expresión.

• Los estudiantes no memorizan su parte, sino que la leen del guión.

• No es necesario usar decorados, ni disfraces, ni utilería.

El regalo de Francia

Carla Stevens

Género: Ficción histórica

Estrategia de comprensión: Hacer preguntas

Pensar en voz alta: Hoja reproducible número 4

Antes de leer

Género: Diga a los estudiantes que leerá en voz alta un fragmento de una novela histórica. Explique que la ficción histórica combina un suceso real, en este caso la creación de la Estatua de la Libertad, con personajes imaginarios.

Ampliar el vocabulario: Para ayudar a los estudiantes a comprender el contexto histórico de la selección, presente las siguientes palabras:

salón: sala de estar

escudriñar: mirar intensamente

pedestal: base de una estatua

encargado: cuidador de un edificio de apartamentos

Establecer el propósito de lectura: Pida a los estudiantes que escuchen para descubrir cuál es el problema de Lily y cómo su familia trata de ayudarla a resolverlo.

Durante la lectura

Use Pensar en voz alta para leer el cuento por primera vez. Las notas acerca del género y las perspectivas culturales pueden usarse con lecturas posteriores.

El regalo de Francia

Carla Stevens

Era casi la hora de la cena. La abuela le estaba dando de comer al pequeño Charlie y mamá estaba cocinando repollo en el gran horno de carbón. Lily puso la mesa y después fue al salón a leer el libro que había traído de la escuela.

El papá estaba sentado en un sillón, leyendo una revista.

—Mira, Lily —dijo—. Mira la fotografía del barco francés que está trayendo la Estatua de la Libertad a Nueva York. Llegará en unos pocos días.

Lily se sentó en el brazo del sillón de su papá y escudriñó la fotografía de la revista.

—¿Pero dónde está? —preguntó—. No la veo.

—Debajo de la cubierta, embalada en cientos de cajas —respondió el papá—. Dentro de poco tiempo la veremos. Antes tenemos que construir un pedestal para colocarla.[1]

—A mamá no le gusta la señorita Libertad —dijo Lily.

—¡Oh! Seguro que sí —dijo el señor Lafferty bajando la revista.

—No, no le gusta —insistió Lily—. Dice que no deberíamos pagar por ella.

—No tenemos que pagar por la estatua, Lily. Es un regalo de Francia —dijo papá—. Sólo tenemos que recaudar dinero suficiente para pagar el pedestal.

—Pero ella dice que el pedestal costará mucho dinero. Cree que deberíamos usar nuestro dinero para alimentar a los pobres en lugar de usarlo para construir el pedestal.

El señor Lafferty levantó la revista nuevamente:

—¡Por Dios, Lily, ¿por qué te preocupas por todo esto?

—Nuestra clase está recolectando dinero para el pedestal y yo no aporté nada hoy —dijo Lily—. Fui una de las únicas.

—¡Vaya, vaya! Con que ése es el problema ¿verdad, Lily?

—La cena está lista —llamó la señora Lafferty.

Lily y su papá fueron a la cocina. Lily se sentó a la gran mesa redonda, junto a la abuela. La mamá sirvió la carne con repollo.

El papá probó un bocado de repollo:

—Mmm. ¡Qué buena cocinera eres, mamá!

La señora Lafferty le sonrió a su esposo.

—Lily me dice que su clase está recolectando dinero para el pedestal de la estatua —dijo el papá—. ¿Podemos pensar en alguna forma de que Lily gane un poco de dinero?

—¡Con todas esas personas pobres viviendo en la ciudad! ¡Nadie piensa en recolectar dinero para ayudarles!**²** —dijo la mamá con los labios apretados.

—Ya sé, ya sé —dijo el papá—. Pero... ¡qué linda que es la estatua! Y algún día estará en nuestro puerto dándole la bienvenida los inmigrantes, como nosotros, que vengan en busca de una vida mejor y la libertad para disfrutarla.

—Uf —dijo la mamá—. Sí, la libertad. Pero la libertad no llena un estómago vacío.**³**

—A veces la libertad es más importante que un estómago vacío, mamá.

—No recuerdas lo que es tener hambre, papá. Yo sí.

La abuela miró a Lily:

—Todo esto no está ayudando a Lily —dijo—. ¿Cómo va a juntar dinero para el pedestal de la señorita Libertad?

—Quizás puedas ayudar a la señora Casella en la tienda —sugirió el papá.

—O tal vez podrías ayudar a Otto, el encargado, a barrer la escalera del frente del edificio —dijo la abuela.

El papá empujó su silla y se levantó.

—Muy rica cena, mamá —dijo, y se volvió hacia Lily—. Mañana es sábado. Estoy seguro de que encontrarás algo para hacer por la señorita Libertad, Lily.

Pensar en voz alta

²Entiendo que el problema de Lily es que su clase está recolectando dinero para pagar el pedestal, pero ella no ha participado. No ha aportado nada de dinero porque su madre no cree que sea para una causa que valga la pena.

Pensar en voz alta

³Creo que la madre de Lily es una mujer práctica. Piensa que juntar dinero para alimentar a los pobres es más importante que pagar una estatua que, según ella, no va a ayudar a nadie. Puedo entender lo que siente.

Después de leer

Volver a contar: Pida a los estudiantes que vuelvan a contar los sucesos relatados. Aproveche la oportunidad para comentar el problema y la solución de la historia. Pregúnteles cómo resolverían el problema de Lily y pídales que expliquen qué piensan de las razones que dan su mamá y su papá.

Estudiante: Pensar en voz alta

Use la Hoja reproducible número 4 para que los estudiantes comenten un rasgo de personalidad que hayan identificado a partir de las palabras o acciones de un personaje.

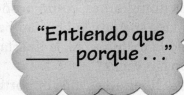

"Entiendo que _____ porque..."

Perspectiva cultural

En Estados Unidos, uno de los hombres más destacados en la recaudación de fondos para el pedestal, fue el empresario y editor Joseph Pulitzer. Siendo él mismo un inmigrante húngaro, entendía la importancia de crear un símbolo para un país en el que las personas de todas las culturas fueran libres para cumplir sus sueños.

Pensar y responder

1. ¿Por qué piensa el papá que recolectar dinero para el pedestal es una buena idea? *Respuesta posible: El papá dice que la Estatua de la Libertad será un símbolo importante.* **Inferencia**

2. ¿Cómo cambiaría esta historia si estuviera ambientada en el presente? *Respuestas posibles: La historia hablaría de un monumento diferente; las partes del monumento podrían llegar por avión, en lugar de por barco.* **Género**

3. Está claro que, la mamá y el papá discrepan sobre la importancia de recolectar dinero para el pedestal. ¿De qué manera la autora deja saber que el papá está tratando de "mantener el orden" con la mamá? *Respuestas posibles: El papá elogia la cena que preparó la mamá todo el tiempo; ayuda a Lily a encontrar formas de ganar el dinero por sí misma en lugar de discutir con la mamá.* **Propósito del autor.**

Qué significó el servicio de la REA para nuestra granja

Rose Dudley Scearce
Miembro de la *Cooperativa Eléctrica Rural de Shelby (Kentucky)*

Género: Artículo (Fuente primaria)

Estrategia de comprensión: Hacer preguntas

Pensar en voz alta: Hoja reproducible número 1

Antes de leer

Género: Brinde información sobre el contexto histórico para ayudar a los estudiantes a comprender esta selección. Explique que durante la Gran Depresión de las décadas de 1920 y 1930, apenas un diez por ciento de los estadounidenses que vivían en las áreas rurales tenían electricidad. El presidente Franklin D. Roosevelt creó la Administración Rural de Electrificación (REA), que ofrecía préstamos para construir centrales eléctricas y tender los cables eléctricos. Los granjeros también podrían recibir dinero para instalar electricidad en sus hogares y graneros. Explique que este artículo fue escrito por una mujer de Kentucky.

Ampliar el vocabulario: Para ayudar a los estudiantes a comprender el artículo, presente las siguientes palabras:

> *cooperativa:* un grupo de granjeros que trabajan juntos compartiendo insumos
>
> *sentimiento:* sensación u opinión
>
> *galocha:* bota que se usa sobre los zapatos comunes
>
> *carretera:* una ruta

Establecer el propósito de lectura: Pida a los estudiantes que escuchen con atención para aprender sobre esta época histórica y sobre la manera en que la electricidad cambió la vida de la autora.

Durante la lectura

Use Pensar en voz alta para leer el artículo por primera vez. Las notas acerca del género y las perspectivas culturales pueden usarse con lecturas posteriores.

Pensar en voz alta

[1] *¿Por qué la autora no menciona la televisión? Habla de que se prepara su propio helado. Los sucesos en este artículo deben haber ocurrido hace mucho tiempo.*

Pensar en voz alta

[2] *Me pregunto cómo funcionaban las planchas antes de la electricidad. No se mantenían calientes por mucho tiempo.*

Qué significó el servicio de la REA para nuestra granja

Rose Dudley Screarce
Miembro de la <u>Cooperativa</u> Eléctrica Rural de Shelby
(Kentucky)

El primer beneficio que obtuvimos del servicio de la REA fueron las lámparas, ¿no son maravillosas las lámparas? Mi hijo expresó mis <u>sentimientos</u> cuando dijo: —Madre, no me daba cuenta de lo oscura que era nuestra casa hasta que tuvimos lámparas eléctricas. Habíamos estado leyendo al lado de una lámpara de Aladino y pensábamos que era buena, pero no se comparaba con nuestra lámpara I. E. S. ¿Están leyendo al lado de una lámpara I. E. S.? Si no, compren una mañana. Cuando comprueben cuanto mejor se sienten sus ojos con una lámpara I. E. S. en comparación con una lámpara eléctrica común, no dudarás, especialmente cuando te des cuenta de que no cuesta más. Las lámparas I. E. S. son fabricadas por una única empresa y están aprobadas por la Sociedad de Ingeniería en Iluminación.

Hace poco leí en las NOTICIAS de Electrificación Rural que la radio era el artefacto eléctrico más popular. Así que, como el resto de la gente, cambiamos nuestra radio a pilas por una radio eléctrica. Este fue nuestro siguiente beneficio.[1]

Luego, compramos un refrigerador eléctrico. Por supuesto, de la mano de un refrigerador viene el hacer helado en las cubetas. Cambiamos nuestra lavadora a gasolina por una eléctrica, pero . . . ¡Por Dios, qué ruido que hacía! Es una bendición lavar la ropa tranquila y silenciosamente. Cambiamos nuestra bomba manual por el tanque de presión en nuestro baño, y el sistema de agua de una bomba manual a una eléctrica. Al principio, no compré una plancha eléctrica, porque no planchaba. Cuando lo hice, me impresionó cómo habían mejorado las planchas desde que me mudé al campo. Puedo girar el selector de la plancha según la tela y se mantendrá a la temperatura necesaria hasta que mueva el selector. El siguiente beneficio fue nuestro horno eléctrico. Estábamos tan ansiosos por la corriente que tendimos los cables en nuestra casa muchos meses antes de que se conectara la electricidad e hicimos la instalación eléctrica de la cocina para un hornillo eléctrico.[2]

Si sigues las instrucciones del libro de cocina del hornillo, es decir, usas muy poca agua para la cocción, una cacerola con tapa tan grande como la unidad de calor y tu "calor libre", te sorprenderá qué poca electricidad consumirás.

Antes de que se conectara la electricidad, cuando alguien me preguntaba qué aparato eléctrico deseaba más, yo siempre decía que quería una aspiradora. No sé qué clase de persona eres, pero espero que seas una persona buena y ordenada y que cuando llueva, te pongas tus galochas en el porche y te saques las galochas embarradas en el porche antes de entrar a la casa.[3] No lo hacemos así en nuestra casa. Salimos corriendo cuando llueve sin galochas y cuando entramos nos limpiamos la mitad del barro en el felpudo de la puerta y la otra mitad en la alfombra de la sala. Tengo una anticuada alfombra de Bruselas y cuando la barro, levanta tanto polvo como si estuviera barriendo la polvorienta carretera. Cuando terminaba, me ahogaba con el polvo, la alfombra no estaba limpia y yo estaba de mal humor. Ahora, con la aspiradora, hasta puedo sacarle el polvo a los muebles antes de limpiar la alfombra, la alfombra queda limpia y yo sigo de buen humor.

Así que, ya ves, estoy disfrutando plenamente de las cosas que la electricidad hizo posible y estoy gozando más de la vida porque tengo más tiempo para dedicar a visitar a mis amigos y a estudiar y leer y hacer las cosas que permiten que la vida sea más grata y plena.

Pensar en voz alta

[3] *Me pregunto por qué la autora escribe como si estuviera hablándole a una persona. Parece que estuviera manteniendo una conversación con alguien. Tal vez hace esto para sonar amigable.*

Después de leer

Tomar notas: Pida a los estudiantes que hagan una lista de todos los aparatos eléctricos nuevos que compró la autora cuando tuvo electricidad en su casa. Ayude a los estudiantes leyendo en voz alta los pasajes correspondientes.

Estudiante: Pensar en voz alta

"Me pregunto . . ."

Use la Hoja reproducible número 1 para que los estudiantes compartan algunas preguntas acerca de las descripciones de la autora sobre la vida con electricidad recién instalada.

Perspectiva cultural

Mientras comenta los aspectos históricos del artículo, atraiga la atención de los estudiantes hacia algunos de los pasajes descriptivos (cambiar de una lavadora a gasolina a una eléctrica). Pida a los estudiantes que piensen en cambios así de drásticos en la vida de ellos.

Pensar y responder

1. ¿Por qué crees que la autora compró tantos aparatos eléctricos? *Respuestas posibles: Todo es nuevo para ella, por lo tanto está entusiasmada por probar todos los aparatos; los aparatos nuevos facilitan su trabajo.* **Inferencia**

2. ¿Cómo sabes que este artículo no apunta a informar a los lectores únicamente? *Respuestas posibles: La autora describe los beneficios que obtuvo de tener electricidad por primera vez; la autora comparte sus experiencias personales y no está tratando de ofrecer hechos ni de explicar algo.* **Género**

3. ¿Por qué crees que la autora escribió este artículo? Respuesta posible: Escribió esto para describir cuánto mejor es su vida ahora que tiene electricidad. **Propósito del autor**

EL CLUB DE LOS RICOS

Dan Gutman

Género: Novela

Estrategia de comprensión: Resumir

Pensar en voz alta: Hoja reproducible número 4

Antes de leer

Género: Diga a los estudiantes que escucharán un fragmento de una novela. Recuérdeles que una novela trata sobre personajes y sucesos inventados. En este fragmento, la historia se cuenta desde el punto de vista del personaje principal.

Ampliar el vocabulario: Para ayudar a los estudiantes a comprender el fragmento, presente las siguientes palabras:

> *ráfaga:* racha de nieve liviana que acompaña un torbellino de viento
>
> *montón:* algo que se junta y amontona, como la nieve
>
> *Microsoft®:* nombre de una compañía de software para computadoras muy conocida
>
> *vasta:* grande en número, tamaño o extensión; enorme

Establecer el propósito de lectura: Pida a los estudiantes que escuchen con atención para descubrir quién es Gina y cómo se relaciona su sueño con su principal meta en la vida.

Durante la lectura

Use Pensar en voz alta para leer el fragmento por primera vez. Las notas acerca del género y las perspectivas culturales pueden usarse con lecturas posteriores.

EL CLUB DE LOS RICOS

Dan Gutman

INTRODUCCIÓN

Era un sueño. O yo *creía* que era un sueño, al menos.

Es de noche, estoy acostada afuera, en el jardín, mirando el cielo. De repente, un billete de un dólar se posa sobre mi cara. Lo recojo. Parece verdadero. No tengo ni idea de dónde vino.

Luego, cae otro. Y otro. Miro hacia arriba y veo billetes revoloteando hacia abajo desde las nubes cercanas. Al principio, vienen en <u>ráfagas</u>, pero después se convierten en una tormenta de dinero.

De diez. De veinte. De cien. Llueven sobre mí, *sólo* sobre mí. Es más dinero del que puedo imaginar. Soy increíblemente rica. Puedo comprar cualquier cosa en el mundo.

El dinero se apila. Tomo un puñado de billetes y los arrojo al aire por diversión. Hay un <u>montón</u> de un pie de alto sobre el suelo. Salto y me dejo caer sobre el montón, como si estuviera saltando sobre una pila de hojas otoñales.

Entonces, un destello enceguecedor de luz blanca ilumina el cielo.[1] Es tan brillante, que tengo que cerrar los ojos. Aun así, puedo ver la luz a través de los párpados. Lastima. Grito.

—¡Gina! ¡Gina! —. Es la voz de mi madre—. ¿Estás bien?

Abro los ojos. Ahora estoy en mi habitación. No hay luz. No hay dinero. Me levanto y corro hacia la ventana, casi esperando ver el jardín cubierto de billetes.

Pero no hay nada. Supongo que sólo fue un sueño.

NADA DE QUÉ AVERGONZARSE

Yo, Gina Tumolo, amo el dinero. Así que, supongo que es lógico que sueñe con él.

Yo, Gina Tumolo, quiero ser millonaria.[2]

Ahí está, lo dije. Sé que no está bien decirlo, pero es la verdad; por lo tanto, debo admitirlo.

Desde que era pequeña, he amado el dinero. El primer recuerdo que tengo es de dinero. Un día, estaba sentada en el sofá viendo televisión y encontré un billete de un dólar atorado entre los almohadones. Yo tendría unos cuatro años.

Recuerdo esos misteriosos dibujos del billete. La pirámide con ese ojo de mirada escalofriante. ¿Qué significaba, me pregunté? Todo parecía muy místico y mágico y maravilloso.

Entiendo que el dinero sólo son pedazos de papel y discos de metal. Pero, desde una edad muy temprana, supe que esos papeles y esos discos eran poderosos. Podían intercambiarse por *otras* cosas. Podían convertirse en casi *cualquier cosa*.

Esto era asombroso para mí. Podías entrar a una tienda, entregarle a alguien algunos pedazos de papel verdes y elegir algo de la tienda para llevarte a casa. ¡Para quedártelo!

¡Increíble! Y cuanto más papel verde tengas, aprendí rápidamente, más cosas puedes llevarte a casa.

¡Guau! ¡Qué idea fantástica! Quería conseguir tanto papel verde como fuera posible.

Nunca tuve muchos juguetes. Mis padres tenían poco dinero en ese entonces. Cada vez que pedía algo, respondían con las viejas frases hechas: "Es muy caro", o "El dinero no crece en los árboles". Quizá esa sea la razón por la que lo único que yo quería era acumular tanto dinero como pudiera.[3]

En la escuela aprendimos que el rey Tutankamón se convirtió en el gobernante de Egipto cuando tenía mi edad, once años. A él pertenecían todos los tesoros del reino. También sé que Bill Gates comenzó con <u>Microsoft</u> cuando tenía apenas veinte años y no pasó mucho tiempo antes de que se convirtiera en una de las personas más adineradas del mundo.

¿Por qué yo no? Me preguntaba. ¿Por qué no podría yo, Gina Tumolo, amasar una <u>vasta</u> fortuna a una edad muy temprana? ¿Qué me lo impide?

Nada. Otros niños querían ir a las Olimpiadas, o querían convertirse en estrellas del rock, o ser presidentes. Bien por ellos. Yo quiero ser millonaria. Mi meta es hacer mi primer millón antes de entrar en la adolescencia.

Pensar en voz alta

[3]*Creo que esta parte es importante porque me ayuda a entender por qué el dinero es tan importante para Gina. Ella dice que no tuvo muchos juguetes cuando era pequeña porque sus padres tenían poco dinero.*

Después de leer

Volver a contar: Pida a los estudiantes que ilustren dos escenas: una de la infancia de Gina, y otra de Gina como una millonaria adolescente. Para la segunda, pídales que expliquen cómo Gina podría haber ganado un millón de dólares. Pídales que comenten cómo se relacionan las dos ilustraciones.

Estudiante: Pensar en voz alta

Use la Hoja reproducible número 4 para que los estudiantes comenten una parte del relato que los haya ayudado a entender el carácter de Gina o su meta en la vida.

"Entiendo que _____ porque . . ."

Pensar y responder

1. ¿Por qué dice Gina que el dinero es "poderoso"? *Respuesta posible: Siente que uno puede usar dinero para obtener las cosas que desea en la tienda.* **Analítico**

2. ¿Crees que este fragmento pertenece al comienzo, a la parte media o al final de la novela "El club de los ricos"? ¿Por qué? *Respuesta posible: Creo que pertenece al comienzo porque sólo leemos acerca del personaje principal y no sabemos qué le pasa después.* **Género**

3. Sobre la base de lo que el autor nos ha dicho sobre Gina, ¿crees que es posible que se convierta en una adolescente millonaria? *Acepte ideas razonables. Respuestas posibles: Sí, es posible porque se ha fijado una meta y trabajará para lograrla. No, no es posible porque es demasiado joven para tener un empleo por el que le paguen tanto dinero.* **Propósito del autor**

PERSEVERANCIA

Paul W. Richards

Género: Autobiografía

Estrategia de comprensión: Hacer inferencias y analizar

Pensar en voz alta: Hoja reproducible número 6

 Antes de leer

Género: Diga a los estudiantes que leerá en voz alta una autobiografía. Separe las partes de la palabra *autobiografía* mientras explica que este texto describe los sucesos importantes de la propia vida del autor. Esto significa que el escritor usa palabras como *yo* y *mí*.

Ampliar el vocabulario: Para ayudar a los estudiantes a comprender la autobiografía, presente las siguientes palabras:

lima: herramienta que se usa para tallar o cortar

ingeniero: alguien que diseña o construye cosas útiles para las personas

perseverancia: acto de tratar de realizar una tarea o lograr una meta

Establecer el propósito de lectura: Pida a los estudiantes que escuchen para descubrir quién es Paul W. Richards y por qué el título de la selección es "Perseverancia."

 **Durante la lectura**

Use Pensar en voz alta para leer la historia por primera vez. Las notas acerca del género y las perspectivas culturales pueden usarse con lecturas posteriores.

PERSEVERANCIA

Paul W. Richards

Durante mi infancia en Dunmore, Pensilvania, pertenecí al Grupo de Lobatos 66. Hicimos proyectos divertidos, como el Derby de Pinewood, una carrera de autos en miniatura.

Cada niño hizo un auto de un bloque de madera. Yo mismo tallé y lijé la madera. Como mi papá no tenía muchas herramientas, usé una <u>lima</u> oxidada y algunas lijas viejas.[1]

Mi auto era feo. De hecho, era horrible. Traté de cubrir con pintura los rasguños y arañazos, pero se veía peor. Estaba preocupado. ¿Cómo podría irle bien a un auto tan feo?

El día de la carrera, muchos de los autos de los otros niños se veían muy bien. Pensé que no tendría ninguna oportunidad. Para mi sorpresa, mi auto fue el más veloz, ¡y obtuve el primer puesto!

El año siguiente, estaba ansioso por correr el Derby de Pinewood de nuevo. Esta vez, me ayudó el papá de uno de mis amigos. Usó herramientas eléctricas para tallar la madera y darle una suave forma curva. Decoré el auto con pinturas y calcomanías nuevas. Hasta usé un pequeño hombre de juguete como piloto. Esta vez, parecía un auto de verdad y yo estaba listo para obtener el primer lugar nuevamente.

Sin embargo, volví a casa decepcionado. Mi auto había sido uno de los más atractivos de la carrera, pero también uno de los más lentos. Había perdido en la primera ronda.

Nunca quise hacer otro proyecto. Aunque había trabajado mucho para que mi auto se viera especial, había perdido.

Al otro año, mi grupo de niños exploradores organizó un Derby Espacial de cohetes hechos de bloques de madera. Yo no quería participar, pero mis padres me convencieron.

Yo estaba contento. Una vez que empecé a trabajar en mi cohete, me propuse hacer lo mejor que pudiera. Lijé, pegué, pinté... Ahora sabía que su funcionamiento era más importante que su apariencia. Una vez más, gané el primer puesto.

Había aprendido una lección valiosa y no tenía nada que ver con ganar. Había aprendido a ser perseverante: a seguir intentando y a no darme por vencido. Esta lección me acompañó mientras crecía.[2]

Pensar en voz alta

[1] *Puedo decir que el autor está escribiendo sobre algo que le ocurrió cuando era niño. Cuenta que fue un Lobato y que hizo un auto de carreras de madera. Esto es algo que haría un niño.*

Pensar en voz alta

[2] *Creo que esta parte del texto es importante, porque el escritor dice que aprendió a ser perseverante y explica qué significa eso. En vez de darse por vencido, mostró perseverancia, tratando de hacer un trabajo mejor.*

Mi sueño de la infancia era convertirme en astronauta, pero la gente me dijo que lograr esa meta era imposible. Después de graduarme de <u>ingeniero</u>, usé la <u>perseverancia</u> para conseguir un empleo en el Centro de Vuelos Espaciales Goddard de la NASA, en Maryland. Mientras estuve allí, me postulé para ser astronauta. Durante ocho años, recibí cartas de rechazo.

Finalmente, en 1996, la NASA me invitó a Houston, Texas. Por fin, había sido seleccionado para ser astronauta.

El 8 de marzo de 2001, despegué a bordo del trasbordador espacial Discovery y trabajé en el espacio durante 12 días. Esto incluyó un viaje a la Estación Espacial Internacional y una caminata espacial.

Sin *perseverancia*, mi sueño nunca se habría hecho realidad.[3]

Autobiografía:
Además de contar un suceso de su vida, el autor comparte con el lector sus ideas y sentimientos sobre lo que sucedió.

Pensar en voz alta

[3] *Me pregunto cómo se siente ahora que es astronauta. Creo que está orgulloso de sí mismo y de su perseverancia.*

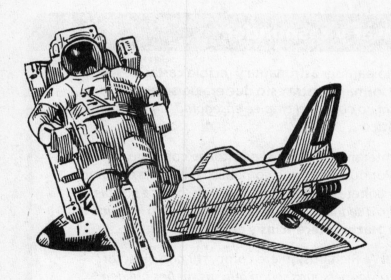

Tomar notas: Pida a los estudiantes que elijan un suceso clave de la vida del escritor. Invítelos a comentar por qué el título es "Perseverancia".

Estudiante: Pensar en voz alta

Use la Hoja reproducible número 6 para que los estudiantes compartan una parte del texto que sea importante para ellos.

> "Creí que _____ era importante en este texto porque . . ."

Perspectiva cultural

La creación de la Estación Espacial Internacional fue realmente un esfuerzo mundial. Dieciséis países, entre los que se cuenta a Estados Unidos, Rusia, Brasil, Japón, Italia, España y Suecia, colaboraron en la construcción de la estación.

Pensar y responder

1. El escritor dice que se postuló para ser astronauta y recibió cartas de rechazo durante ocho años. ¿De qué forma muestra esto que era perseverante? *Respuesta posible: Aun cuando no obtuvo el empleo enseguida, siguió intentando y no se dio por vencido.* **Analítico**

2. Al final de la selección nos enteramos de que el escritor se convirtió en astronauta cuando creció. ¿Por qué crees que comenzó su historia contando sobre los autos de carreras y cohetes que hizo de niño? *Respuesta posible: Cuando era pequeño, aprendió a seguir intentando. Más tarde, esto le ayudó a lograr su sueño de la infancia.* **Hacer inferencias y analizar**

3. ¿Qué mensaje crees que Paul W. Richards quiere compartir con el lector? *Respuestas posibles: Quiere que las personas sepan que sus sueños pueden hacerse realidad como el de él; quiere que las personas vean que es importante trabajar mucho y nunca darse por vencido.* **Propósito del autor**

Cabalgatas y lecturas

Kathi Appelt y Jeanne Cannella Schmitzer

Género: Ficción histórica

Estrategia de comprensión: Evaluar

Pensar en voz alta: Hoja reproducible número 6

Antes de leer

Género: Diga a los estudiantes que leerá en voz alta una selección de ficción realista sobre un grupo de bibliotecarias viajeras. Explíqueles que aquí se combinan personajes inventados con sucesos reales. Indique que deben identificar qué elementos del texto son ficticios y cuáles son verdaderos.

Ampliar el vocabulario: Para ayudar a los estudiantes a comprender la selección, presente las siguientes palabras:

escalinata: grupo de escalones del lado externo de una puerta

recodo y depresiones: área pequeña y poco accesible

folleto: boletín o texto informativo breve

continuo: que sigue pasando, en curso

Establecer el propósito de lectura: Pida a los estudiantes que escuchen la información sobre el Proyecto bibliotecas a caballo de Kentucky.

Durante la lectura

Use Pensar en voz alta para leer el cuento por primera vez. Las notas acerca del género y las perspectivas culturales pueden usarse con lecturas posteriores.

Ficción histórica: Los primeros tres párrafos ofrecen una introducción ficticia para los datos no ficticios que se proporcionan luego. Este tipo de información brinda a los lectores un mejor entendimiento de cómo debe haber sido entregar y recibir libros durante ese período histórico.

Pensar en voz alta

[1]*Al principio creí que la "señora de los libros" era la maestra del niño; luego me di cuenta de que, en realidad, ella era una bibliotecaria. Está trayendo libros a la escuela, por lo tanto, supongo que podría llamarse bibliotecaria viajera.*

CABALGATAS Y LECTURAS

Kathi Appelt y Jeanne Cannella Schmitzer

Era una fría y plomiza mañana de enero de 1936. Una mujer a caballo se abría camino lentamente a través de las laderas pedregosas de Kentucky. La lluvia helada le golpeaba el rostro y mojaba su abrigo delgado.

Finalmente, llegó a su destino: una escuela de una sola sala enclavada entre dos picos rocosos. Antes de que llegara a la escalinata, la puerta se abrió de repente y un niño con ojos chispeantes y un diente roto le sonrió.

—La 'stábamos esperando, señora de los libros —dijo.

La mujer sonrió. Como parte del Proyecto bibliotecas a caballo de Kentucky, su trabajo era entregar libros, a caballo, a las personas que vivían en los recodos y depresiones de las montañas del este de Kentucky.[1]

El Proyecto bibliotecas a caballo de Kentucky comenzó en 1935, en los años de la Gran Depresión. Muchas personas de Kentucky, como millones de ellas en Estados Unidos, perdieron su trabajo. No había dinero para comida, ropa o medicamentos. Las familias perdieron sus casas y los niños tenían hambre. En esa época tan difícil, ¿cómo se conseguían los libros?

La respuesta era este proyecto. Funcionaba de manera sencilla. El gobierno del presidente Franklin D. Roosevelt le pagaba a las mujeres de la zona rural de Kentucky para que llevaran libros, revistas y folletos a los hogares y escuelas pobres de las montañas de Kentucky. Las bibliotecarias viajaban a caballo porque allí no había caminos empedrados, ni siquiera cubiertos de grava.

La vida de estas bibliotecarias era difícil. Viajaban unas dieciocho millas por día, a través de terrenos rocosos y en toda clase de clima. Solas, cruzaban ríos peligrosos y trepaban pendientes cubiertas de hielo.[2] Había muchas personas que no confiaban en el "aprendizaje a través de los libros" y las bibliotecarias tenían que ganarse su confianza. Finalmente, las bibliotecarias enfrentaron una falta continua de libros, que provenían estrictamente de donaciones.

Pero las bibliotecarias eran decididas. Llevaban ideas e intereses nuevos a las personas que vivían en áreas remotas. En 1937, una bibliotecaria a caballo, Gladys Lainhart, escribió: "Sería difícil calcular lo mucho que está haciendo este gran trabajo para iluminar las vidas de los habitantes de las montañas de Kentucky".[3]

Pensar en voz alta

[2]*Creo que estas bibliotecarias tenían un trabajo difícil y peligroso. Las mujeres viajaban solas. Tenían que cruzar ríos rápidos y caminos de montaña cubiertos de hielo. El proyecto debe de haberles parecido sumamente importante para hacerse cargo de un trabajo tan duro.*

Pensar en voz alta

[3]*Creo que esta parte es importante porque las autoras explican el impacto del proyecto de bibliotecas a caballo. Las personas vivían lejos de las ciudades. No había televisión ni radios. Encontrar una cita real de una bibliotecaria a caballo me recuerda que estos sucesos verdaderamente ocurrieron.*

Después de leer

Tomar notas: Pida a los estudiantes que hagan una lista de lo que aprendieron sobre el Proyecto de bibliotecas a caballo de Kentucky. Anímelos a comparar sus listas con un compañero o una compañera para ver si omitieron alguna información clave.

Estudiante: Pensar en voz alta

Use la Hoja reproducible número 6 para que los estudiantes compartan con el resto de la clase una predicción que haya cambiado mientras leían el texto.

> Creí que _____ era importante en este texto porque...

Perspectiva cultural

A los lectores del Proyecto de bibliotecas a caballo de Kentucky les gustaba conocer sobre otros países y culturas. Entre los textos más populares estaban *Robinson Crusoe, Los viajes de Gulliver* y la revista *National Geographic*.

Pensar y responder

1. ¿Qué características o destrezas crees que necesitaba una mujer para ser una bibliotecaria a caballo? *Respuestas posibles: Tenía que ser valiente para cabalgar sola por regiones peligrosas y con mal clima. Tenía que saber montar a caballo y disfrutarlo, porque recorría unas dieciocho millas por día. Tenía que ser amigable porque algunas personas no confiaban en las bibliotecarias.* **Crítico**

2. ¿Qué partes de esta selección son reales y qué partes son ficción? *Respuesta posible: El comienzo de la selección, cuando las autoras escriben sobre el niño del diente roto, probablemente sea inventado. La información sobre el proyecto de bibliotecas a caballo es verdadera.* **Género**

3. ¿Qué crees que las autoras quieren que los lectores aprendan de este texto? *Respuestas posibles: Quieren que aprendamos que muchas personas creen que leer es muy importante. Creo que quieren contarnos la manera en la que las bibliotecarias ayudaban a las personas que habían perdido su empleo y no tenían dinero para comprar libros.* **Propósito del autor**

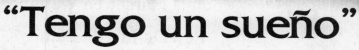

"Tengo un sueño"

fragmento tomado de un discurso pronunciado
en la Marcha en Washington de 1963

Rev. Dr. Martin Luther King, Junior

Género: Discurso persuasivo

Estrategia de comprensión: Evaluar

Pensar en voz alta: Hoja reproducible número 2

Antes de leer

Género: Diga a los estudiantes que en un discurso persuasivo, el objetivo del autor es convencer a la audiencia de aceptar su opinión sobre un tema. Esta selección proviene del discurso pronunciado por el Rev. Dr. Martin Luther King, Jr. a una audiencia de 200,000 personas como parte de la Marcha en Washington por el trabajo y la libertad. Recuerde a los estudiantes que escucharán un fragmento del discurso.

Ampliar el vocabulario: Para ayudar a los estudiantes a apreciar la prosa, presente las siguientes palabras difíciles:

>*trascendental:* de capital importancia
>
>*grillete:* esposa
>
>*languidecer:* vivir en condiciones que causan pérdida de salud
>   y vitalidad
>
>*imponente:* extraordinariamente grande, magnífico

Establecer el propósito de lectura: Pida a los estudiantes que piensen sobre el propósito del narrador mientras escuchan el lenguaje y la elección de palabras.

Durante la lectura

Use Pensar en voz alta para leer el discurso por primera vez. Las notas acerca del género y las perspectivas culturales pueden usarse con lecturas posteriores.

"Tengo un sueño"

fragmento tomado de un discurso pronunciado
en la Marcha en Washington de 1963

Rev. Dr. Martin Luther King, Junior

Estoy feliz de estar aquí con ustedes hoy porque este acontecimiento quedará en la historia como la más grande manifestación por la libertad en la historia de nuestro país.

Hace cien años, un gran estadounidense, bajo cuya sombra simbólica estamos hoy, firmó la Proclama de Emancipación. Este decreto trascendental se convirtió en un gran faro de esperanza para millones de esclavos negros que habían ardido en las llamas de la abrasadora injusticia. Se convirtió en un amanecer de júbilo para poner fin a la larga noche de su cautiverio.

Pero cien años más tarde, los negros todavía no son libres. Cien años más tarde, la vida de los negros todavía está tristemente mutilada por grilletes de segregación y cadenas de discriminación. Cien años más tarde, los negros viven en una solitaria isla de pobreza en medio de un vasto océano de prosperidad material. Cien años más tarde, los negros todavía languidecen en los rincones de la sociedad estadounidense y se hallan exiliados en su propia tierra. Por eso, hemos venido hoy para exponer una condición vergonzosa. . .

Y a medida que caminamos, debemos prometer que siempre marcharemos hacia adelante. No podemos volver atrás. Están aquéllos que les preguntan a los partidarios de los derechos civiles "¿Cuándo quedarán satisfechos?".

(. . .) Nunca estaremos satisfechos mientras que nuestros cuerpos, bajo el peso de la fatiga del viaje, no puedan conseguir alojamiento en los moteles de las carreteras y en los hoteles de las ciudades.[1] Nunca estaremos satisfechos mientras que la movilidad básica de los negros sea de un ghetto pequeño a un ghetto más grande. Nunca estaremos satisfechos mientras que a nuestros hijos se les despoje de su individualidad y se les robe su dignidad con carteles que dicen: "Sólo para blancos". Nunca estaremos satisfechos mientras que los negros de Mississippi no puedan votar y uno de Nueva York crea que no tiene nada por qué votar. No, no, no estamos satisfechos y no lo estaremos hasta que la

Pensar en voz alta

[1]*Creo que esta parte es importante porque el Dr. King da ejemplos de la manera injusta en la que los afroamericanos son tratados en Estados Unidos. Me doy cuenta de que está muy comprometido con esto porque comienza muchas oraciones con "No podemos" y "Nunca".*

justicia nos llegue como una catarata y la equidad, como un río poderoso.

(...) Les digo hoy, mis amigos, que pese a las dificultades actuales y del mañana, yo todavía tengo un sueño. Es un sueño muy arraigado en el sueño americano.

Tengo el sueño que un día este país se levantará y vivirá el verdadero significado de su credo: "Sostenemos como evidentes estas verdades, que todos los hombres son creados iguales".

Tengo el sueño que un día, sobre las montañas coloradas de Georgia, los hijos de los ex esclavos y los hijos de los ex propietarios de esclavos serán capaces de sentarse juntos a la mesa de la hermandad.

Tengo el sueño que un día, incluso el estado de Mississippi, un estado sofocado por el calor de la injusticia, por el calor de la opresión, será transformado en un oasis de libertad y justicia.

Tengo el sueño que mis cuatro hijos vivirán un día en un país, en el que no serán juzgados por el color de su piel, sino por su carácter. Hoy tengo un sueño.

Tengo un sueño que... un día, allá en Alabama, niñas y niños negros serán capaces de tomarse de la mano con niñas y niños blancos como hermanas y hermanos. Hoy tengo un sueño...

Mi país, dulce tierra de libertad, sobre ti canto. Tierra donde mis padres murieron, tierra del orgullo del peregrino, desde cada ladera, ¡dejen resonar la libertad!²

Y si Estados Unidos ha de convertirse en un gran país, esto debe hacerse realidad. Entonces, dejen resonar la libertad desde las imponentes cumbres de Nueva Hampshire. Dejen resonar la libertad desde las enormes montañas de Nueva York. Dejen resonar la libertad desde los montes Alleghenies de Pensilvania. Dejen resonar la libertad desde las Rocallosas nevadas de Colorado.

Dejen resonar la libertad desde los picos de California. Pero no sólo eso: dejen resonar la libertad desde Stone Mountain de Georgia y desde Lookout Mountain de Tennessee. Dejen resonar la libertad desde cada montaña y cada topera de Mississippi.³

Y cuando esto ocurra, cuando dejemos resonar la libertad, cuando la dejemos resonar desde cada pueblo y cada aldea, desde cada estado y desde cada ciudad, seremos capaces de acelerar la llegada de ese día en el que todos los hijos de Dios, negros y blancos, judíos y gentiles, protestantes y católicos serán capaces de tomarse de las manos y cantar las palabras de un viejo espiritual negro: ¡Libres, al fin! ¡Libres, al fin! ¡Gracias, Dios Todopoderoso, somos libres al fin!

Tomar notas: Pida a los estudiantes que comenten ejemplos de la elección de palabras que usa el Dr. King para lograr el objetivo de su mensaje. Pídales que repasen Establecer el propósito de lectura y determinen si el discurso fue elocuente y si influyó en el público.

Estudiante: Pensar en voz alta

"Hice una *conexión* cuando . . ."

Use la Hoja reproducible número 2 para que los estudiantes compartan una conexión personal que hayan hecho durante el discurso.

Perspectiva cultural

El Rev. Dr. Martin Luther King, Jr. recibió la influencia de la vida y las enseñanzas de Mahatma Gandhi, quien había dedicado gran parte de su vida intentando liberar al pueblo de India del dominio británico. El Dr. King fue a India en 1959 y estudió *satyagraha* ("verdad y fortaleza" en sánscrito), el principio de persuasión pacífica de Gandhi. Comente la importancia de la identidad étnica, la cultura y la historia en relación con los trabajos de Gandhi y King.

Pensar y responder

1. El presidente Abraham Lincoln puso fin a la esclavitud con la Proclama de Emancipación. ¿Por qué crees que el Dr. King mencionó este decreto al comenzar su discurso? *Respuesta posible: Quería mostrar que aun cuando los afroamericanos habían sido librados de la esclavitud 100 años atrás, no eran verdaderamente libres para vivir sus vidas.* **Inferencia**

2. ¿Qué frases repite el Dr. King en su discurso? ¿Por qué crees que lo hace? *Respuestas posibles: Cien años más tarde, nunca estaremos satisfechos, tengo un sueño, dejen resonar la libertad; creo que repite estas palabras porque quiere que las personas recuerden lo que está diciendo.* **Evaluar**

3. ¿Por qué crees que es importante leer el discurso del Dr. King y meditar sobre él? ¿Por qué su mensaje es todavía importante hoy en día? *Respuesta posible: Tenemos que recordar que debemos proteger la libertad y los derechos.* **Propósito del autor**

¡Llévame al partido de béisbol!

letra de Jack Norworth *(versión de 1927)*

Género: Canción

Estrategia de comprensión: Hacer inferencias y analizar

Pensar en voz alta: Hoja reproducible número 2

 Antes de leer

Género: Diga a los estudiantes que leerá en voz alta la letra de una canción que es muy popular en los partidos de béisbol. Recuerde a los estudiantes que la letra de una canción puede cambiar ligeramente con el tiempo y señale que esta versión es de 1927. Si bien ellos probablemente reconozcan el estribillo, o la estrofa repetida, quizá se sorprendan al conocer el contexto más amplio o la historia, que se cuenta en el resto de la canción.

Ampliar el vocabulario: Antes de leer la letra de la canción, presente las siguientes palabras:

> *Coney Isle:* popular parque de diversiones en Coney Island, Nueva York
>
> *inquietarse:* preocuparse
>
> *animar:* alentar a un equipo

Establecer el propósito de lectura: Pida a los estudiantes que escuchen para descubrir quién es Nelly Kelly y de qué manera está relacionada con una canción popular que se canta durante los partidos de béisbol en todo Estados Unidos.

Durante la lectura

Use Pensar en voz alta para leer la canción por primera vez. Las notas acerca del género y las perspectivas culturales pueden usarse con lecturas posteriores.

Estudio de géneros

Canción: Muchas canciones tienen un estribillo o una parte que se repite una o más veces.

¡Llévame al partido de béisbol!

letra de Jack Norworth (*versión de 1927*)

Nelly Kelly amaba el béisbol,
conocía equipos enteros,
estaba allí todos los días
gritando "Hurra" con alegría.
Su novio, Joe, le dijo: "Mira,
vamos a Coney Isle, querida".
Entonces Nelly se inquietó
y yo escuché que le gritó.[1]

"Llévame al partido de béisbol,
quiero estar entre la multitud.
Cómprame maníes y galletas,
no importa si nadie me espera.
Animaré, animaré al equipo local,
es una lástima si pierden.
En uno, dos y tres afuera estarás,
en este juego sin igual".

Era fanática con todas las letras,
animaba como un hombre,
le decía al árbitro los errores,
durante todo el partido, con fuerza.
Cuando el marcador estaba dos a dos,
Nelly Kelly sabía bien lo que haría,
alentar a los muchachos que conocía
haciéndolos cantar esta canción.[2]

"Llévame al partido de béisbol,
quiero estar entre la multitud.
Cómprame maníes y galletas,
no importa si nadie me espera.
Animaré, animaré al equipo local,
es una lástima si pierden.
En uno, dos y tres afuera estarás,
en este juego sin igual".

Pensar en voz alta

[1] *Puedo hacer una conexión cuando leo el nombre Coney Isle. Sé que Coney Island es el nombre de un parque de diversiones. Creo que es el mismo lugar. ¿Por qué se enojará Nelly cuando su novio la invita a un lugar tan divertido?*

Pensar en voz alta

[2] *Me di cuenta de que cuando el juego está empatado, Nelly comienza a cantar. Creo que lo hace para alentar y animar a los jugadores.*

Volver a leer o cantar la canción: Después de volver a leer (o cantar) la canción, haga referencia a los sonidos del lenguaje. Comente con los estudiantes la forma en que el ritmo y el compás de las estrofas como *Animaré, animaré, al equipo local* enfatizan el significado y el sentimiento. Luego, pídales que aplaudan en el stacatto (animaré, animaré) y que abran los brazos para las palabras sostenidas (local, equipo) cuando vuelva a leer el estribillo.

Estudiante: Pensar en voz alta

Use la Hoja reproducible número 2 para que los estudiantes compartan un detalle que reconozcan de la letra. Pídales que compartan la conexión que hicieron.

"Hice una *conexión* cuando . . ."

Perspectiva cultural

Si bien muchas personas piensan que el béisbol es un juego típico estadounidense, es una versión moderna de los juegos con un palo y una bola, que se han jugado durante siglos. Las antiguas culturas de Persia, Egipto y Grecia usaban un palo y una bola para jugar por diversión o como parte de algunas ceremonias.

Pensar y responder

1. ¿Cómo sabes que Nelly es una verdadera fanática del béisbol? *Respuestas posibles: Nelly prefiere ir a un partido de béisbol antes que a un parque de diversiones; Nelly le grita al árbitro cuando él cobra injustamente una falta que perjudica a su equipo; Nelly canta para alentar a su equipo.* **Inferencia**

2. ¿Qué detalles del estribillo están dirigidos a los fanáticos del béisbol y hace que quieran cantar la canción? *Respuesta posible: La letra habla de las cosas que les gusta hacer a las personas durante los partidos de béisbol, como comer comidas rápidas y alentar a su equipo.* **Género**

3. ¿Por qué crees que Jack Norworth escribió esta canción? *Acepte ideas razonables. Respuesta posible: Tal vez quería mostrar que el béisbol es típicamente estadounidense y que les gusta a todos.* **Propósito del autor**

A los prudentes

Mari Paz Pradillo

Género: Poema con rima

Elemento poético: Imaginería

Estrategia de comprensión: Hacer preguntas

Pensar en voz alta: Hoja reproducible número 4

Antes de leer

Género: Diga a los estudiantes que leerá en voz alta un poema que en realidad es un acertijo largo. Explique que la poetisa usa imaginería para dar pistas que ayudan a los lectores a resolver el acertijo. La imaginería describe cómo la autora genera una imagen en la mente del lector.

Ampliar el vocabulario: Para ayudar a los estudiantes a comprender la imaginería, presente las siguientes palabras:

> *guarida:* un lugar donde un animal duerme o descansa

> *ágil:* capaz de moverse con rapidez y facilidad

> *rollo:* un espiral o vuelta

Establecer el propósito de lectura: Pida a los estudiantes que escuchen con atención para formarse una imagen mental del narrador. Señale que tendrán que ajustar la imagen mental con cada pista nueva.

Durante la lectura

Lea lentamente y deténgase al final de cada estrofa para que los estudiantes piensen acerca de las pistas nuevas. Luego, vuelva a leer, haciendo pausas para atraer la atención hacia Pensar en voz alta y la referencia al género.

A los prudentes

Mari Paz Pradillo

No voy a la escuela.

No tengo que estudiar.
Sé todo lo que sé.
Nadie se va a burlar.

Salí de un huevo
y vivo en una guarida,
pero no soy un león
ni zorro ni gallina.[1]

No tengo nariz,
con la lengua yo huelo.
Soy muy ágil también,
aunque no corro ni vuelo.

No dejo huellas ni rastros
porque no tengo garras.
Y aunque no soy un pez,
estoy cubierta de escamas.

Yo no veo mi comida;
con las mejillas la encuentro:
percibo cosas calientes

que me sirven como alimento.

Me hago un rollo. Me quedo inmóvil.

Algo se viene acercando.
Voy a tragármelo entero.
Voy a morderlo. Voy a matarlo.

Tengo estilo. Soy hábil.

Algunos creen que soy cruel.
Tengo colores vistosos
y sobrevivo, eso haré.

Ahora déjenme en paz
y repitan esto de a dos:
las serpientes dirigen el suelo.
Cuiden mucho los pies, y adiós.

Pensar en voz alta

[1] Al comienzo pensé que el narrador era una persona porque mencionaba la escuela. Pero, entonces, entendí que debía de ser un animal porque dice que salió de un huevo y que vive en una guarida. Éstas son dos cosas que hacen los animales.

Estudio de géneros

Poema: Este poema usa un patrón de rima ABCB. Sólo riman el segundo y el cuarto verso de cada estrofa.

Establecer el propósito para volver a leer: Pida a los estudiantes que hagan una lista de las pistas que los ayudaron a resolver el acertijo y a identificar al animal. Luego, pídales que identifiquen los recursos literarios usados por los poetas y que expliquen por qué y de qué manera contribuyen al significado al poema.

Estudiante: Pensar en voz alta

Use la Hoja reproducible número 4 para que los estudiantes compartan la forma en que la imagen mental del animal de cada uno cambió a lo largo del poema.

"Entiendo que _____ porque..."

Perspectiva cultural

A pesar de la mala reputación que tienen, las serpientes han mantenido posiciones de honor en muchas culturas de todo el mundo. En la antigüedad se adoraba a las cobras en la forma de Wadjit, diosa cobra del Bajo Egipto. En India, las cobras todavía son consideradas un animal sagrado y se les rinden honores en una celebración anual.

Pensar y responder

1. ¿Por qué crees que el poema se titula "A los prudentes"? *Respuesta posible: El narrador del poema es una serpiente y está advirtiendo a las personas que deben tener cuidado en su presencia. También podría estar refiriéndose al hecho de que las personas prudentes, que piensan en las palabras, serán capaces de entender el acertijo.* **Analítico**

2. ¿De qué forma puede la poetisa crear un acertijo a partir de un poema? *Respuestas posibles: Brinda información sobre la serpiente a través de pequeñas instancias de imaginería a lo largo del poema; algunas de las pistas se pueden referir a más de una cosa o animal; debes unir las pistas para resolver el acertijo.* **Género**

3. ¿Por qué crees que la poetisa escribió este poema? *Respuestas posibles: Creo que lo escribió sólo por diversión. Creo que quería desafiar a las personas a leer el poema y a resolver el acertijo.* **Propósito del autor**

Erh-lang y los soles

M. A. Jagendorf y Virginia Weng

Género: Cuento folclórico

Estrategia de comprensión: Hacer inferencias y analizar

Pensar en voz alta: Hoja reproducible número 4

Antes de leer

Género: Recuerde a los estudiantes que un cuento folclórico es una historia que se ha contado una y otra vez por muchos, muchos años. Este relato en particular proviene de China. Al igual que con otros cuentos folclóricos, existen otras versiones de la historia de países y culturas diferentes.

Ampliar el vocabulario: Presente las siguientes palabras para que los estudiantes puedan seguir la acción y a los personajes de este cuento folclórico:

resplandor: luz cegadora

arrojar: lanzar con fuerza

peste: una enfermedad muy contagiosa

cautelosamente: cuidadosamente

Establecer el propósito de lectura: Pida a los estudiantes que escuchen para descubrir quién fue Erh-lang y la manera en la que ayudó a su pueblo.

Durante la lectura

Use Pensar en voz alta para leer la historia por primera vez. Las notas acerca del género y las perspectivas culturales pueden usarse con lecturas posteriores.

Pensar en voz alta

[1] *Entiendo que esta historia no se trata de una persona real porque los autores dicen que Erh-lang puede levantar montañas y arrojar grandes rocas. Ninguna persona real podría hacer eso.*

Pensar en voz alta

[2] *El problema del cuento folclórico es que los siete soles están generando demasiada luz y demasiado calor para las personas y la tierra. Los sabios le piden a Erh-lang que se deshaga de los soles. Me pregunto cómo lo hará. Creo que tendrá que ver con su gran fuerza.*

Erh-lang y los soles

M. A. Jagendorf y Virginia Weng

Antes de la nada y del todo, había siete soles en la tierra de China. Brillaban sin cesar y no había ni día ni noche. Las personas sufrían cruelmente del calor y de la eterna luz cegadora. No podían cultivar la tierra ni descansar con tranquilidad debido al resplandor ardiente y feroz. Si ponían un bollo de masa recién amasada sobre la pared del patio, ¡se ponía crocante y se convertía en un pedazo de carbón en un santiamén!

Entre los pueblerinos había un joven muy fuerte llamado Erh-lang. Erh-lang era más fuerte que cincuenta hombres. Podía levantar montañas con las manos y arrojar rocas muy grandes al cielo sólo para mostrar cuán fuerte era. Todos lo admiraban.[1]

Un día, se reunieron los sabios para hablar del horror de los siete soles. Uno de los sabios dijo:

—Pidámosle a Ehr-lang que nos ayude con nuestro triste problema. Él es el único que puede vencer a estos soles cegadores y abrasadores.

Todos creyeron que era una buena idea y siete de los hombres más viejos fueron enviados a solicitar la ayuda de Erh-lang.

Cuando se acercaron, estaba haciendo rodar grandes rocas grises sobre la tierra seca.

—Hemos venido a ti, Erh-lang —dijo el más viejo—, para rogarte que nos liberes de la terrible peste de nuestra tierra. Me refiero a los siete soles que nos enceguecen con su luz y nos queman con su calor.[2]

—Conozco su sufrimiento —dijo Erh-lang—, porque yo también estoy preocupado por el calor y la luz sin fin de los soles. Los ayudaré con mucho gusto y comenzaré ahora mismo.

Los hombres viejos le agradecieron y le desearon buena suerte.

Erh-lang mantuvo su palabra. Comenzó a observar a los siete soles en detalle. Pronto, notó que no salían juntos, sino uno detrás de otro.

"Eso es muy bueno", pensó. "Atrapar de a uno por vez será mucho más fácil".

Caminó hasta una montaña rocosa cercana e inclinándola lentamente, dejó un hoyo profundo en la tierra. Entonces, esperó que saliera un sol. Al poco tiempo, salió del este y llenó el cielo y la tierra con una luz deslumbrante. Erh-lang se estiró rápidamente hacia arriba, abrió los brazos, atrapó al sol caliente y gigante y corrió hasta la montaña que había inclinado para tirar al sol dentro del hoyo. Mantuvo al sol abajo con su bota gigante y empujó la montaña sobre él.

—Ahora hay un resplandor abrasador menos. Eso fue fácil. Me prepararé para el siguiente sol.

Miró a su alrededor y vio otra gran montaña rocosa, la movió, inclinándola cuidadosamente sobre su propio peso, y formó un hoyo en la tierra otra vez.

Descansó y esperó. Después de un rato, el calor y la luz le anunciaron la salida del siguiente sol. Apenas apareció por el este, Erh-lang se abalanzó sobre él, lo atrapó con sus brazos gigantescos y lo arrojó dentro del hoyo bajo la montaña. Manteniendo abajo al sol, con su bota gigante arrastró a la montaña sobre el agujero y lo cubrió.

—Ahora son dos los culpables de este sufrimiento que están acabados —dijo, revoleando los brazos por el aire.

Descansó por un momento y levantó otra montaña, atrapó a otro sol y lo enterró. Hizo lo mismo con otros tres soles hasta que sólo quedaba uno.

Ahora, Séptimo Sol había visto lo que les había ocurrido a sus seis hermanos. Los había visto desaparecer uno tras otro y estaba muy, pero muy preocupado. Se podía decir que hasta tenía miedo de asomarse por el este.

Al final, lo hizo. Trepó <u>cautelosamente</u> y muy despacio . . . y al ver una planta cerca, se escondió debajo de ella, con la esperanza de que Erh-lang no lo viera. Pero Erh-lang lo vio porque Séptimo Sol no podía esconder su luz y su calor.[3]

Erh-lang había empujado de costado una montaña para enterrar a Séptimo Sol. Entonces se apresuró, listo para cumplir su tarea. Pero Séptimo Sol se puso a llorar y rogó:

—Por favor, no me entierres debajo de la montaña, poderoso Erh-lang, como has hecho con mis hermanos. Dejaré de dar este terrible calor y esta luz cegadora. Sólo te pido que no me entierres debajo de la montaña.

El pueblo se había reunido alrededor de Erh-lang. Sintieron lástima por Séptimo Sol y se unieron a él en el ruego.

—Sé generoso, Erh-lang —suplicó Séptimo Sol.

Pensar en voz alta

[3] No esperaba que Séptimo Sol pareciera humano y fuera capaz de pensar. Debe tratar de escapar de Erh-lang ya que sabe lo que les ocurrió a sus hermanos.

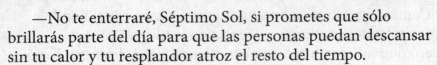

—No te enterraré, Séptimo Sol, si prometes que sólo brillarás parte del día para que las personas puedan descansar sin tu calor y tu resplandor atroz el resto del tiempo.

—Lo prometo, lo juro —lloró Séptimo Sol—. Lo juro, pero no me entierres debajo de la montaña.

El corazón de Erh-lang se había ablandado, al igual que los corazones del pueblo.

—Sé que cumplirás tu promesa —dijo Erh-lang—, y por eso no te enterraré.

Erh-lang permitió a Séptimo Sol salir de debajo de la planta para brindar luz y calidez a las personas durante el día.

Y como la luz y el calor no estaban todo el tiempo, ya que el sol se ponía al caer la noche, era mejor para todos: para la tierra y para el hombre.

Desde entonces, Séptimo Sol no lastimaría a la planta que le había dado refugio. Sin importar cuánto tiempo la planta estuviera bajo la luz del sol, no se secaba. La gente la llama "planta de hoja de agua" (*shui-yeh-ts'ai*), porque siempre está lozana, verde y suave. Y es, hasta el día de hoy, la planta silvestre favorita de todas las personas.

Volver a contar: Pida a los estudiantes que dibujen una historieta para ilustrar la historia. Pídales que incluyan un diálogo para cada escena. Invite a los estudiantes a compartir su historieta con un compañero.

Estudiante: Pensar en voz alta

Use la Hoja reproducible número 4 para que los estudiantes compartan con el resto de la clase algo que hayan aprendido sobre Erh-lang a partir del cuento folclórico.

"Entiendo que _____ porque..."

Perspectiva cultural

Los cuentos de *pourquoi* que explican el día y la noche son comunes entre las culturas de todo el mundo, pero en algunas versiones el mundo comienza sólo con noche y sin día. Pida a los estudiantes que comparen el tema de otras historias del día y la noche que conozcan. Pídales que expliquen por qué estas historias son universales para la mayoría de las culturas. Una historia de Kamayura de Brasil cuenta que las personas se morían de hambre porque estaba demasiado oscuro para cazar, pescar o plantar cultivos. Las personas finalmente descubren que las aves poseen el día y que la luz llega a ellas en la forma de las plumas de colores brillantes del guacamayo rojo.

Pensar y responder

1. ¿De qué manera Erh-lang demuestra inteligencia cuando acepta la tarea de deshacerse de los siete soles? *Respuestas posibles: Observa a los siete soles y estudia sus movimientos para poder idear un plan de ataque. Se ocupa de cada uno de los soles, un sol a la vez, para que sea más fácil vencer a todos los soles.* **Analítico**

2. ¿Por qué es necesario que Erh-lang se apiade de Séptimo Sol para que este cuento folclórico explique la noche y el día? *Respuesta posible: Si Erh-lang hubiera enterrado a Séptimo Sol, el cuento folclórico ya no explicaría cómo se crearon el día y la noche.* **Género**

3. ¿De qué manera muestran los autores que Erh-lang es un héroe o un personaje que posee características positivas? *Respuestas posibles: Erh-lang acepta usar su fuerza para ayudar a su pueblo y poner fin a su sufrimiento; Erh-lang es generoso con el Séptimo Sol y acepta dejarlo brillar parte del día.* **Propósito del autor**

Antiguos guerreros crow

Frederick M. Howe III, 17 años, tribu crow

Género: Poema

Elemento poético: Imaginería

Estrategia de comprensión: Hacer preguntas

Pensar en voz alta: Hoja reproducible número 1

Antes de leer

Género: Diga a los estudiantes que escucharán un poema escrito por un poeta de 17 años de la tribu crow. Explique que a diferencia de los escritores de ficción, los poetas tienen un espacio breve para describir el tema y expresar el mensaje. En este poema, los lectores deberán considerar con cuidado cada palabra y el aporte que cada una hace al poema.

Ampliar el vocabulario: Para ayudar a los estudiantes a comprender el poema, presente las siguientes palabras:

> *balancearse:* moverse de un lado a otro

> *fresco:* frío, vigorizante

Establecer el propósito de lectura: Pida a los estudiantes que en la primera lectura escuchen y disfruten el lenguaje. Aliéntelos a que visualicen una imagen a partir de las palabras usadas por el poeta.

Durante la lectura

Para enfatizar las preguntas retóricas, eleve la voz al final de cada una. Lea el poema sin interrupciones. Vuelva a leer y haga pausas para atraer la atención hacia Pensar en voz alta y la referencia al género.

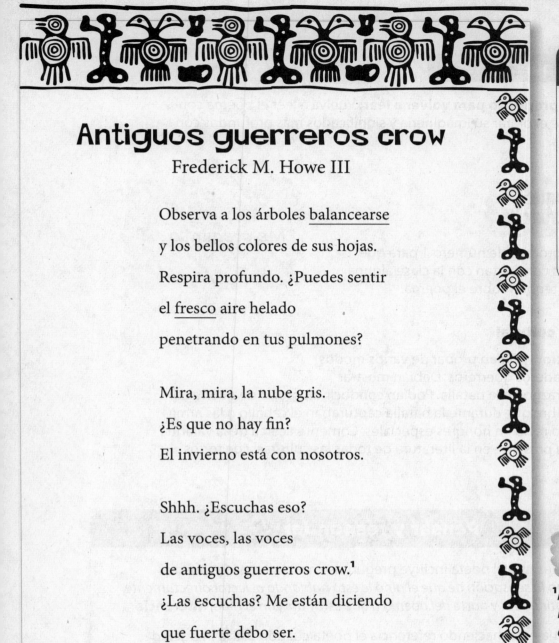

Antiguos guerreros crow

Frederick M. Howe III

Observa a los árboles balancearse

y los bellos colores de sus hojas.

Respira profundo. ¿Puedes sentir

el fresco aire helado

penetrando en tus pulmones?

Mira, mira, la nube gris.

¿Es que no hay fin?

El invierno está con nosotros.

Shhh. ¿Escuchas eso?

Las voces, las voces

de antiguos guerreros crow.[1]

¿Las escuchas? Me están diciendo

que fuerte debo ser.

Después de leer

Establecer el propósito para volver a leer: Vuelva a leer el poema con el propósito de explorar su imaginería y significados más profundos con los estudiantes.

Estudiante: Pensar en voz alta

"Me pregunto . . ."

Use la Hoja reproducible número 1 para que los estudiantes compartan con la clase alguna pregunta que tengan sobre el poema.

Perspectiva cultural

Los hombres crow podían probar de varios modos que eran verdaderos guerreros. Debían mostrar valentía y liderazgo en la batalla. Podían conducir un grupo de guerra con éxito. Los hombre que durante la batalla capturaban el caballo o las armas de un enemigo recibían honores especiales. Comente acerca de la valentía como un tema presente en la literatura de todas las culturas y de todos los tiempos.

Pensar y responder

1. ¿Por qué crees que el poeta incluye preguntas en su poema? *Respuestas posibles: Dan la sensación de que el niño le está hablando al lector directamente. Me hace sentir que soy parte del poema o que estoy ahí con el niño.* **Inferencia**

2. ¿A qué podría estar haciendo referencia el poeta cuando usa la imagen de las nubes grises? *Respuesta posible: Podría referirse a los pensamientos oscuros, o negativos, que penden sobre su cabeza. No hay un final de los problemas del poeta a la vista.* **Elemento poético**

3. El poeta dice que las voces de los antiguos guerreros crow le están diciendo que sea fuerte. ¿Por qué crees que lo dice? *Acepte ideas razonables. Respuesta posible: El poeta quizás encuentre coraje en las palabras de sus ancestros. Tal vez esté alentándonos a hacer lo mismo.* **Propósito del autor**

Largo viaje

Langston Hughes

Género: Poema

Elemento poético: Lenguaje figurado

Estrategia de comprensión: Hacer inferencias y analizar

Pensar en voz alta: Hoja reproducible número 3

Antes de leer

Género: Diga a los estudiantes que escucharán un poema con lenguaje figurado. Recuérdeles que una metáfora es una comparación directa entre dos cosas. Dé varios ejemplos, como *Esta habitación es una zona de desastre* o *Esta clase es un enjambre de actividad.*

Ampliar el vocabulario: Presente las siguientes palabras antes de leer para que los estudiantes puedan entender mejor el poema:

> *jungla:* un lugar donde todo es silvestre

> *bajar:* hundirse

> *emerger:* aparecer

Establecer el propósito de lectura: Pida a los estudiantes que escuchen para averiguar cómo se siente el poeta con respecto al mar y para disfrutar del lenguaje.

Durante la lectura

Lea lentamente para que los estudiantes puedan pensar en detalle sobre cada palabra de este poema. La primera vez, lea el poema del principio al fin sin interrupciones. Luego, vuelva a leer, haciendo pausas para atraer la atención hacia Pensar en voz alta y la nota acerca del género.

Largo viaje

Langston Hughes

El mar es una jungla de olas,

Un desierto de agua.

Bajamos y nos zambullimos,

Emergemos y giramos.

Nos escondemos y ocultamos

En el mar.

    Día, noche,

    Noche, día,

El mar es un desierto de olas,

Una jungla de agua.[1]

Estudio de géneros

Poema: El poeta usa metáforas en los primeros dos versos para describir el mar como una jungla y como un desierto.

Pensar en voz alta

[1]*Noté que hay muchos sonidos repetitivos: j, g, s y r. Pude imaginarme los movimientos continuos del océano a partir de los sonidos repetidos.*

Después de leer

Establecer el propósito para volver a leer: Vuelva a leer el poema para que los estudiantes exploren sus significados más profundos y el uso que hace el poeta de la metáfora y el contraste. Explique que el contraste es usar opuestos para describir algo, como oscuridad y luz.

Estudiante: Pensar en voz alta

"Pude imaginarme . . ."

Use la Hoja reproducible número 3 para que los estudiantes comenten un verso, una imagen o la elección de una palabra que para ellos sea importante.

Perspectiva cultural

Langston Hughes, un prominente poeta afroamericano, trabajó como marinero mientras viajaba a África y Europa. Es famoso por sus imágenes de la vida afroamericana entre las décadas de 1920 y 1960.

Pensar y responder

1. ¿En qué momento el mar es como una jungla? ¿Cuándo sería como un desierto? *Respuestas posibles: El mar es como una jungla cuando hay muchas olas y el agua se mueve hacia arriba y hacia abajo. El mar es como un desierto cuando no hay olas y el agua está completamente calma.* **Analítico**

2. El poema incluye varios ejemplos de contraste. Identifica alguno de ellos. *Respuestas posibles: día y noche; bajar y subir con las olas; a veces el mar está revuelto y tiene muchas olas y a veces está calmo y chato; el mar (húmedo) es descripto como un desierto (un lugar en el que hay muy poca o nada de agua).* **Lenguaje figurativo**

3. El título del poema es "Largo viaje". ¿Por qué crees que el poeta eligió este título? *Acepte respuestas razonables. Respuestas posibles: Quizás el poeta se inspiró para escribir este poema después de un viaje en barco. Tal vez fue un largo viaje durante el que no vio nada más que agua durante días.* **Propósito del autor**

HACHIKO:
la verdadera historia de un perro fiel

Pamela S. Turner

Género: No ficción narrativa

Estrategia de comprensión: Hacer preguntas

Pensar en voz alta: Hoja reproducible número 1

Antes de leer

Género: Diga a los estudiantes que leerá en voz alta una selección de narrativa de no ficción. Recuérdeles que este tipo de textos narran una historia real. La historia está ambientada en una estación de trenes de Tokio, Japón.

Ampliar el vocabulario: Presente las siguientes palabras antes de leer:

kimono: traje largo que usan algunas mujeres japonesas

dar zancadas: caminar con pasos largos y seguros

tímidamente: con vergüenza

bocado: pequeña porción de comida

Establecer el propósito de lectura : Pida a los estudiantes que escuchen con atención para descubrir por qué Hachiko era un perro fiel y cómo lo demostraba.

Durante la lectura

Use Pensar en voz alta durante la lectura de la historia. Las notas acerca del género y las perspectivas culturales pueden usarse con lecturas posteriores.

HACHIKO: la verdadera historia de un perro fiel

Pamela S. Turner

Hay una estatua de mi viejo amigo en la entrada de la Estación Shibuya. Sus pies de bronce están brillantes y lustrosos, pulidos por miles de manos amigables. Hay un letrero que dice, sencillamente, "Hachiko, perro fiel". Cierro los ojos y recuerdo el día en que nos conocimos, hace ya tanto tiempo.

Cuando yo tenía seis años, nos mudamos a una pequeña casa en Tokio, cerca de la estación Shibuya. Los trenes me asustaban. Pero tiempo después, comencé a disfrutar de su estruendos. Un día, le rogué a mamá que me llevara a buscar a papá, que volvía a casa en el tren de la tarde. Ella rió y dijo:

—Kentaro, te has vuelto grande y valiente, ¡como un samurai!

Caminamos juntos hasta la estación.

Era primavera y el día era claro y fresco. Alrededor de la estación, había carritos que vendían golosinas, periódicos y cientos de otras cosas a las hordas de personas que pasaban apresuradas por ahí. Las mujeres en <u>kimono</u> caminaban con cuidado, tratando de mantener sus medias tabi lejos de la suciedad de las calles. Los hombres de negocios caminaban <u>dando zancadas</u>, apurados por llegar a casa o por alcanzar otro tren. Mamá y yo nos habíamos detenido cerca de la entrada a la estación cuando noté que había un perro.[1]

Estaba sentado, muy solito, junto a un puesto de periódicos. Tenía pelo grueso, color crema, pequeñas orejas puntiagudas y una cola ancha y peluda que se curvaba hacia arriba por sobre su lomo. Me pregunté si sería un perro vagabundo, pero llevaba una bonita correa de cuero y parecía saludable y fuerte.

Sus ojos estaban clavados en la entrada a la estación.

Entonces apareció papá conversando con un hombre mayor. El perro saltó sobre el hombre, todo su cuerpo se meneaba y agitaba con deleite. Los ojos le brillaban y la boca dibujaba una mueca hacia arriba que, para mí, parecía una sonrisa.

—¡Kentaro! Vea, Dr. Ueno, usted también tiene quien le dé la bienvenida —dijo papá. Nos presentó al hombre mayor. El Dr. Ueno trabaja conmigo en la Universidad Imperial de Tokio.

—¿Cómo se llama su perro? —pregunté <u>tímidamente</u>. El perro era hermoso, pero su cara afilada parecía la de un lobo. Me tomé del kimono de mamá y me puse detrás, por las dudas.

—No tengas miedo —dijo el Dr. Ueno con amabilidad—. Éste es Hachiko. Es grande, pero todavía es un cachorro.

Pensar en voz alta

[1] Me pregunto por qué la autora empezó la historia con información sobre la estatua. Luego, inicia una retrospección.

Camina conmigo hasta la estación todas las mañanas y me espera por las tardes. Creo que Hachiko almacena toda su dicha durante todo el día, ¡y la deja salir toda junta!

Hachiko se paró al lado del Dr. Ueno moviendo la cola. Me estiré para tocarlo, y él se tiró hacia adelante y me olfateó la cara. Grité y salté para esconderme detrás de mamá. Todos se rieron.

—Sólo quiere conocerte, Kentaro, no te preocupes —dijo el Dr. Ueno—. Los perros pueden saber mucho sobre las personas con sólo olerlas. ¡Hachiko probablemente sepa qué comiste en el almuerzo!

Me olí la mano, pero para mí no tenía olor a croqueta de arroz. Me estiré y toqué a Hachiko con cuidado en el lomo.

—Tiene el pelo tan espeso y suave —dije—, como un oso.

—Los perros como Hachiko solían cazar osos en el norte, donde hace frío y nieva mucho —dijo el Dr. Ueno, mientras se arrodillaba a mi lado y frotaba las orejas de Hachiko.

Desde ese día en adelante, fui a la estación casi todas las tardes. Pero ya no iba a ver los trenes; iba a ver a Hachiko. Siempre estaba allí esperando cerca del puesto de periódicos. A menudo le guardaba un <u>bocado</u> de mi almuerzo y lo escondía en uno de mis bolsillos. Hachiko me olía por todos lados, moviendo la cola, hasta que encontraba un pedazo pegajoso de pescado o de pastel de soja. Luego, me golpeaba con el hocico, como diciendo, "¡Dame mi premio!". Cuando hacía frío, yo enterraba la cara en el espeso collar de pelo color crema que tenía en el cuello.

Un día de mayo, yo estaba esperando en la estación con Hachiko. En cuanto vi a papá supe que algo malo pasaba. Estaba solo y caminaba encorvado, mirando con tristeza el pavimento gris bajo sus pies.[2]

—¿Qué sucede, Papá? —le pregunté preocupado con una mano sobre la ancha cabeza de Hachiko. Suspiró.

—Kentaro, vamos a casa.

Los ojos brillantes de Hachiko nos siguieron mientras nos alejábamos, pero él se quedó atrás, esperando al Dr. Ueno.

Cuando llegamos a casa, papá nos dijo que el Dr. Ueno había fallecido esa mañana en la universidad. Me quedé atónito.

—Pero, ¿qué pasará con Hachiko? —pregunté pestañeando mucho para no llorar—. ¿Qué va a hacer?

—No sé —dijo papá—. Quizá los familiares del Dr. Ueno se lo lleven.

—¿Y esta noche? —pregunté—. ¿Podemos ir a ver si está bien?

Papá estaba muy triste y cansado, pero me acompañó de vuelta a la estación Shibuya. Hachiko estaba acurrucado al

Pensar en voz alta

[2]*Creo que ha ocurrido algo malo. Normalmente, el padre de Kentaro llega a casa con el Dr. Ueno. Hoy, el papá está solo. Parece preocupado porque tiene la mirada clavada en el piso y está encorvado. Quizá esté caminando así porque está preocupado.*

lado del puesto de periódicos. Movió la cola cuando nos vio. Papá y yo le dimos agua y un poco de comida en un tazón viejo y cascado. Hachiko comió y bebió, pero siguió mirando hacia la entrada de la estación en busca del Dr. Ueno. Papá y yo nos fuimos más tristes de lo que habíamos llegado.

Al día siguiente, fui de nuevo para ver cómo estaba Hachiko, pero él no estaba allí. Papá me dijo que Hachiko estaba a muchas millas viviendo con unos familiares del Dr. Ueno.

—¡Pero nunca volveré a verlo! —grité—. ¿Por qué no puede vivir con nosotros?

—No tenemos lugar para un perro —protestó papá—. Hachiko les pertenece a los familiares del Dr. Ueno ahora que el Dr. Ueno ha fallecido. Hachiko está mucho mejor viviendo en una casa que sentado en una estación de trenes.

Pero Hachiko tenía otras ideas. Unos días después, estaba de vuelta en la estación Shibuya, esperando pacientemente, con los ojos clavados en la entrada. Hachiko había vuelto a su viejo hogar y de allí a la estación Shibuya.[3]

Mis padres me dejaban llevarle agua y comida todos los días. Mamá protestaba un poco, decía que no podíamos solventar el alimento para un oso tan grande como Hachiko, pero parecía que siempre cocinaba más arroz del que podíamos comer.

Otras personas en la estación demostraban interés por Hachiko. Hombres y mujeres que viajaban en el tren de papá y el Dr. Ueno se detenían para rascarle las orejas y decirle palabras amables. Un día, vi a Hachiko lamiendo la mano de un hombre viejo que le estaba llenando el tazón. El hombre estaba encorvado, como si hubiera estado así la mayor parte de su vida. Pero su mirada era aguda y brillante como la de Hachiko.

—¿Eres el joven Kentaro? —me preguntó. Yo asentí—. Yo soy el señor Kobayashi, el jardinero del Dr. Ueno. Él me contó que tú y Hachiko a menudo esperaban el tren de la tarde juntos.

—¿Todavía cuida la casa del Dr. Ueno? —pregunté.

—Sí —dijo el señor Kobayashi—. Hachiko vuelve a la casa todas las noches para dormir en el porche. Pero, por la mañana, camina hasta la estación como hacía con el Dr. Ueno. Cuando el último tren abandona la estación, él vuelve a casa.

Nos quedamos callados. Luego, pregunté:

—¿Usted cree que Hachiko sabe que el Dr. Ueno murió?

El señor Kobayashi dijo muy amablemente:

—No sé, Kentaro. Tal vez todavía espera que el Dr. Ueno regrese algún día. O quizás sepa que el Dr. Ueno murió, pero espera en la estación para honrar la memoria de su amo.

Pensar en voz alta

[3]*Ahora ya sé porqué a Hachiko le llaman "un perro fiel" en el título de esta historia. Viajó muchas millas hasta la estación de tren para esperar al Dr. Ueno. Esta información me ayuda a hacer esta conexión.*

Pensar en voz alta

[4] *Ahora entiendo el significado de la estatua al comienzo y al final de la historia. El monumento de Hachiko es tan importante como su historia.*

A medida que pasaban los años y Hachiko envejecía, el perro perdía agilidad y apenas podía caminar hasta la estación Shibuya. Pero igual iba todos los días. Las personas comenzaron a recolectar dinero para construir una estatua de Hachiko en la estación. Papá, mamá y yo dimos dinero, y estábamos muy felices cuando se colocó la estatua junto al lugar en el que Hachiko había esperado por tantos años.

Una fría mañana, me levanté cuando oí llorar a Mamá.

—¿Qué sucede? —pregunté, mientras me tambaleaba hacia la cocina.

Papá estaba sentado a la mesa en silencio y mamá volteó la cara surcada por lágrimas hacia mí.

—Hachiko murió anoche en la estación Shibuya —dijo mamá, atragantada—. Todavía estaba esperando al Dr. Ueno.

Yo tenía diecisiete años y era demasiado grande para llorar. Pero me fui a la otra habitación y no salí por un rato muy largo.

Más tarde, ese mismo día, fuimos a la estación. Para nuestra sorpresa, el lugar de Hachiko cerca del puesto de periódicos estaba cubierto con flores que habían dejado sus amigos.

El viejo señor Kobayashi estaba allí. Caminó hasta mí arrastrando los pies y me puso la mano sobre el hombro.

—Hachiko no volvió a casa anoche —dijo en voz baja—. Vine a la estación y lo encontré. Creo que su espíritu está con el del Dr. Ueno, ¿y tú?

—Sí, suspiré.

La estatua de bronce de Hachiko es un lugar de encuentro muy famoso. La Estación Shibuya es enorme ahora y cientos de miles de personas la usan para viajar todos los días. Las personas siempre se dicen unas a otras: "Encontrémonos en Hachiko". Hoy en día, Hachiko es un lugar en el que se reencuentran amigos y familias que han estado separados mucho tiempo.[4]

Después de leer

Volver a contar: Pida a los estudiantes que comenten los sucesos de la historia y compartan sus respuestas. Los estudiantes deben utilizar las opiniones y reacciones del maestro y de sus compañeros para evaluar su interpretación personal de las ideas, la información y las experiencias.

Estudiante: Pensar en voz alta

"Me pregunto . . ."

Use la Hoja reproducible número 1, para que los estudiantes compartan con el resto de la clase alguna pregunta sobre la historia.

Perspectiva cultural

Comente los elementos culturales de la historia: el ambiente, la manera en la que las personas se saludan. Luego, explique que el nombre real de Hachiko era Hachi. Pero que las personas que se acercaban a ver al perro agregaban "ko" al final de su nombre, como apodo. "Ko" significa "niño" en japonés.

Pensar y responder

1. ¿Por qué crees que tantas personas donaron dinero para construir una estatua de Hachiko? *Respuestas posibles: Las personas admiraban a Hachiko por haber mostrado fidelidad a su dueño durante tantos años y querían honrarlo. Las personas probablemente pensaron que Hachiko era su propio perro, porque lo veían todos los días cuando iban a trabajar.* **Inferir**

2. Los sucesos de la narrativa están presentados en el orden en el que ocurrieron. Identifica ejemplos de palabras o frases que usa la autora para mostrar secuencia. *Respuestas posibles: Cuando tenía seis años; Era primavera; Un día de mayo; Cuando llegamos a casa; Al día siguiente; A medida que pasaban los años y Hachiko envejecía; Yo tenía diecisiete años; Más tarde, ese día.* **Género**

3. ¿Por qué crees que Pamela S. Turner eligió escribir sobre Hachiko? *Repuestas posibles: La historia de Hachiko es verdadera, interesante y única. Ella sabía que muchas personas tienen y aman a los perros y disfrutarían de leer una historia sobre un perro.* **Propósito del autor**

Misty de Chincoteague

Marguerite Henry

Género: Novela

Estrategia de comprensión: Verificar la comprensión

Pensar en voz alta: Hoja reproducible número 5

Antes de leer

Género: Diga a los estudiantes que leerá en voz alta un fragmento de una novela clásica. Explique que aparecen personajes memorables dentro de una historia que ha resistido el paso del tiempo. Los lectores pueden disfrutarla porque trata temas de interés. Explique que si bien este relato tiene personajes ficticios, se basa en un suceso real. El rodeo de ponis todavía se realiza todos los años el último miércoles de julio.

Ampliar el vocabulario: Presente las siguientes palabras que pueden ser difíciles para los estudiantes:

guardaparques: persona que está a cargo de la protección de los animales en un área específica

cruz: cresta entre los huesos de los hombros en los caballos

desnutrirse: enfermarse debido a la falta de comida

proveerse: ser capaz de obtener algo

potranca: potro hembra

corral: redil o área encerrada donde se mantienen los caballos

Establecer el propósito de lectura: Pida a los estudiantes que escuchen la forma en la que la autora muestra emoción y crea el carácter, sentimiento, modo y suspenso en la historia.

Durante la lectura

Use Pensar en voz alta para leer el texto por primera vez. Las notas acerca del género y las perspectivas culturales pueden usarse con lecturas posteriores.

Misty de Chincoteague

Marguerite Henry

La niña miró a su alrededor. Todo estaba tranquilo y silencioso en la pequeña isla Assateague. El abuelo de los niños había traído al guardaparques a la isla en su barco, y ella y Paul le habían pedido ir con él. Pero ahora se preguntaba si debían haber venido. Los hombres estaban mirando cómo habían sobrellevado el invierno las aves salvajes. Estaban muy al Norte. No había otras criaturas a la vista. De repente sintió un escalofrío.

—Paul —preguntó ella en un murmullo— ¿no sientes que estamos entrando a donde no debemos?

—Mira —murmuró Paul—, las criaturas silvestres colgaron carteles de 'No pasar' en todos los pinos.

—No estaba pensando en eso —respondió Maureen. —Protegió sus ojos del sol y miró a lo lejos hacia la Caleta de Tom—. Ojalá el abuelo nos lleve de vuelta a casa en Chincoteague. Da miedo explorar un cementerio de barcos.[1]

—A mí me gusta explorar, no me importa si...

De pronto, desde un pinar situado detrás de ellos, se escuchó el agudo crujido de la maleza. Paul giró en redondo y clavó sus ojos en un claro.

—¡Mira el claro, Maureen! ¡Es el Flautista y su banda!

Con las crines y las colas al viento, una cuadrilla de ponis salvajes entró majestuosamente a la tierra de pastoreo natural. Un semental pinto estaba al mando. Amontonó sus crines y echó la cabeza hacia arriba buscando el viento.

Paul y Maureen cayeron sobre la arena. No querían que el viento llevara su olor. Observaron mientras el semental arreaba a su familia como un padre nervioso durante un picnic. Cuando se hubo asegurado de que no faltaba nadie, comenzó a pacer. Era una señal. Sus yeguas bajaron la cabeza y se instalaron cómodamente para pacer.

Los ojos de Paul estaban fijos en los caballos salvajes. Estaban cortando pasto pacíficamente. Pero sabía que un ruido extraño los haría salir disparados hacia el bosque. Él y Maureen hablaban bajito y apenas se movían.

Pensar en voz alta

[2]Me doy cuenta de que Fantasma es el nombre de un caballo salvaje que los niños han escuchado en cuentos. La autora dice que el corazón de Paul está latiendo muy rápido. Me pregunto si esto significa que tiene miedo de Fantasma o si está entusiasmado ante la posibilidad de ver un caballo salvaje.

Pensar en voz alta

[3]Me pregunto si Fantasma es una yegua de verdad. Paul dice que los hombres relatan cuentos increíbles y yo sé que estos tipos de historias no tratan sobre personas o sucesos reales. La autora crea una sensación de misterio sobre la yegua. Esto me hace que desee leer más para descubrir la verdad sobre Fantasma, al igual que Paul y Maureen.

—¿Ves a Fantasma? —preguntó Maureen.

La sola mención del nombre "Fantasma" hizo que el corazón de Paul comenzara a latir con fuerza en el pecho.[2] Era esa misteriosa yegua salvaje sobre la que se contaban tantas historias.

—No —respondió él—. Están muy amontonados.

—¿Crees que Fantasma es real? ¿O crees que algún monstruo acuático volteó el barco durante el último rodeo?

Paul no respondió. ¿Era Fantasma real? A veces se lo preguntaba. Nunca había sido capturada y los hombres del rodeo contaban cuentos increíbles. Algunos dicen que es una criatura oscura, oscura y misteriosa, como los pinos. Otros dicen que es del color del cobre con manchas plateadas en la crin y en la cola. Algunos otros hablan de una extraña marca blanca que comienza en su cruz y se expande como un mapa blanco de Estados Unidos.[3]

—Tal vez —murmuró Maureen—, tal vez se desnutrió y murió durante el invierno.

—¿Ella? —se mofó Paul, sin que sus ojos se apartaran de la cuadrilla—. ¡Ella no! Cualquier poni que pueda pasarse de lista con el abuelo y todos los hombres del rodeo dos años seguidos puede proveerse de comida sin problema. ¿Recuerdas que el tío Jed dijo que su caballo se quebró una pata tratando de seguir a Fantasma en el rodeo durante el último Festival de acorralamiento de ponis?

—Ojalá las niñas pudiéramos ir al rodeo, tal vez no se alejaría de otra niña.

—Saltaría las olas y nadaría hacia el mar como hizo el año pasado y el año anterior —dijo Paul, resoplando.

Entonces, de repente, a Paul se le iluminó el rostro como si recién se le hubiera ocurrido una idea.

—Pero este año será diferente.

—¿Por qué?

—Porque —respondió Paul con la mano en la cintura—, porque ya soy lo suficientemente mayor para ir con los hombres del rodeo este año. Por eso. Y si hay una potranca como ésa, yo la voy a conseguir y, en el Festival de acorralamiento de ponis, ella va a estar en el corral con las otras.

Después de leer

Volver a contar: Pida a los estudiantes que representen el relato. Propóngales que agreguen su propio diálogo para incluir la reacción de Maureen hacia la afirmación de Paul de que él será quien capture a Fantasma.

Estudiante: Pensar en voz alta

Use la Hoja reproducible número 5 para que los estudiantes comenten una parte que para ellos haya sido importante, porque reveló información clave sobre los personajes principales, el ambiente o el argumento.

"Observé que el autor usó. . ."

Perspectiva cultural:

Las islas Assateague y Chincoteague están frente a la costa de Virginia. Una explicación popular de cómo llegaron los caballos a la Isla Assateague es que, en el siglo XVI, un barco español que iba a Sudamérica se estrelló en la costa. Los caballos escaparon del barco y las generaciones posteriores continuaron habitando la isla.

Pensar y responder

1. De acuerdo con lo que has leído, ¿crees que Paul será capaz de capturar a Fantasma en el Festival de acorralamiento de ponis? ¿Por qué sí o por qué no? *Respuestas posibles: No, si los hombres no pueden capturar a la yegua, ¿cómo podrá un niño ser capaz de hacerlo? Sí, parece muy confiado y decidido.* **Inferir**

2. Identifica los personajes principales, el ambiente y el argumento de esta selección. *Respuestas posibles: Los personajes principales son un niño y una niña llamados Paul y Maureen. El ambiente es la Isla Assateague. La historia trata sobre dos niños que están explorando una isla y observan a una cuadrilla de ponis salvajes.* **Género**

3. ¿Por qué crees que la autora no le dice a los lectores si Fantasma es una yegua real o sólo un personaje de un cuento exagerado? *Respuesta posible: La autora crea una sensación de misterio al hacer que los lectores se pregunten si realmente existe. Esto hace que los lectores quieran seguir leyendo para descubrir la verdad.* **Propósito del autor**

Otro estreno, otro espectáculo

tomado del *musical Bésame, Kate*

Cole Porter

Género: Canción

Elemento poético: Repetición y rima

Estrategia de comprensión: Evaluar

Pensar en voz alta: Hoja reproducible número 2

Antes de leer

Género: Diga a los estudiantes que leerá en voz alta la letra de una canción. Recuérdeles que las letras deben cantarse al son de la música. Explique que esta canción trata sobre personas que actúan y cantan en espectáculos musicales. Pídales que se imaginen cómo sería mudarse de ciudad en ciudad montando espectáculos para ganarse la vida.

Ampliar el vocabulario: Para que los estudiantes puedan entender mejor la letra, presente las siguientes palabras:

estreno: se refiere a la primera noche de un espectáculo nuevo

Fili, Baltimo': las formas abreviadas de Filadelfia y Baltimore

úlceras: dolorosa herida abierta, a menudo causada por el estrés

obertura: música que se toca antes de que comience el espectáculo

Establecer el propósito de lectura : Mientras los estudiantes prestan atención a los detalles que se relacionan con el entretenimiento, pídales que también observen la repetición y los patrones de rima de la letra.

Durante la lectura

Para transmitir el entusiasmo y la expectativa de estrenar un espectáculo, lea con expresividad. Lea la canción sin interrupciones. Luego, vuelva a leer, haciendo pausas para atraer la atención de los estudiantes hacia Pensar en voz alta y la nota acerca del género.

Otro estreno, otro espectáculo

tomado del *musical Bésame, Kate*
Cole Porter

Otro estreno, otro espectáculo
en Fili, Boston o Baltimo'.
Los actores saludando,
otro estreno, otro espectáculo.
Esperando que el trabajo
te haga olvidar el pasado.
duele esa úlcera sangrando,
otro estreno, otro espectáculo.
Cuatro semanas de ensayo,
tres semanas y sólo tres,
una semana, ¿saldrá esto bien?
Entonces, de repente, ¿qué?
¡La obertura! ¿Ya nos ves?
Cruza los dedos, eso es,
Arriba el telón. ¡Vamos![1]
Otro estreno,
sólo otro estreno, otro espectáculo.
Otro estreno, otro espectáculo
en Fili, Boston o Baltimo',
Los actores, saludando.
otro estreno, otro espectáculo.
Esperando que el trabajo
te haga olvidar el pasado.
Duele esa úlcera sangrando,
otro estreno, otro espectáculo.
Cuatro semanas de ensayo,
tres semanas y sólo tres,
una semana, ¿saldrá esto bien?
Entonces, de repente, ¡qué!
¡La obertura! ¿Ya nos ves?
Cruza los dedos, eso es,
Arriba el telón. ¡Vamos!
Otro estreno,
otro espectáculo ¡Ya vamos!

Después de leer

Establecer el propósito para volver a leer: Vuelva a leer la canción con el objetivo de explorar cómo se siente el narrador sobre el proceso permanente de ensayar y montar espectáculos.

Estudiante: Pensar en voz alta

Use la Hoja reproducible número 2 para que los estudiantes compartan con el resto de la clase alguna conexión que hayan hecho con los detalles de la canción.

> "Hice una conexión cuando . . ."

Perspectiva cultural

El compositor Cole Porter aprendió a tocar el piano y el violín cuando tenía apenas seis años de edad. Escribió cientos de canciones para musicales de Broadway, películas y programas de televisión. *Bésame, Kate* fue su musical más exitoso y fue representado más de mil veces.

Pensar y responder

1. ¿Qué detalles de la letra señalan las penurias de trabajar en el negocio de los espectáculos? *Respuestas posibles: La letra sostiene que puedes sufrir úlceras a raíz del estrés. Puede haber problemas con el espectáculo apenas unas pocas semanas antes del estreno.* **Analítico**

2. El compositor usa la palabra *otro* u *otra* a lo largo de la canción. ¿Qué efecto genera esto? *Respuestas posibles: Las personas que montan el espectáculo atraviesan las mismas experiencias una y otra vez. El trabajo nunca termina porque siempre hay otro espectáculo para preparar y realizar.* **Elemento poético**

3. ¿Qué crees que Cole Porter quiere que los oyentes conozcan sobre las personas que montan espectáculos? *Respuestas posibles: Quiere mostrar que montar un espectáculo es un trabajo arduo. Quiere mostrar los diferentes sentimientos que tienen los actores.* **Propósito del autor.**

Silvestre y pantanoso

Jim Arnosky

Género: Memoria/Narrativa Personal

Estrategia de comprensión: Hacer inferencias y analizar

Pensar en voz alta: Hoja reproducible número 3

 Antes de leer

Género: Diga a los estudiantes que leerá en voz alta una memoria o narrativa personal. Explique que en esta clase de texto el escritor describe experiencias que le ocurrieron a él. El escritor también refleja o mira retrospectivamente el tema y comparte sus ideas y sentimientos.

Ampliar el vocabulario: Presente estas palabras antes de la leer:

filtrarse: que se escapa por entre otra cosa

tablón: tablas de madera

canal: un curso de agua angosto

corretear: correr con pasos rápidos y cortos

Establecer el propósito de lectura: Pida a los estudiantes que escuchen con atención para descubrir las palabras que el escritor usa para describir el pantano y para revelar cómo se siente con respecto a él.

 **Durante la lectura**

Use En voz alta para leer la historia por primera vez. Las notas acerca del género y las perspectivas culturales pueden usarse con lecturas posteriores.

[1] *Pude imaginarme la
escena que el escritor
está describiendo.
Sustantivos, como
troncos, hojas y agua
me dicen las cosas que
hay en el pantano. Los
adjetivos, o palabras
descriptivas, como negro
y marrón rojizo me
ayudan a imaginarme
los colores del agua.*

[2] *Creo que al autor le
entusiasma mucho ir al
pantano y ver animales
como las serpientes,
porque no las ve muy a
menudo donde él vive.
Puedo decir que está
entusiasmado cuando
exclama: "¡Ésa es una
gran serpiente acuática!".*

[3] *Me gusta la manera en
que el escritor describe
los sonidos que escucha
en el pantano. Usa
palabras específicas
como Bu-buu-buu-
buuuu para ayudarme
a escuchar el sonido que
hace el búho. Incluso los
describe como el sonido
de alguien preguntando:
"Búho? ¿Búho?".*

Silvestre y pantanoso

Jim Arnosky

Protegida del viento por los troncos, las ramas y las hojas de los árboles, el agua de un pantano puede estar tan quieta como un espejo. Manchada por la negra vegetación que se pudre y por el ácido marrón rojizo que se filtra de la corteza de los árboles, el agua de un pantano es oscura y muy reflectante. Toda escena de un pantano es, en realidad, dos escenas: una derecha y una al revés.[1]

La quietud de un pantano puede ayudarte a ubicar la vida silvestre. Es muy probable que cualquier alteración del agua sea producida por un animal.

Siempre siento una mezcla de entusiasmo y cautela cuando estoy en un pantano, especialmente en un pantano del Sur. Los animales más abundantes en el cálido Sur son aquéllos que menos veo en mis frías montañas del Norte. Estoy hablando de las serpientes, venenosas, no venenosas, grandes, pequeñas. Una serpiente acuática marrón del Sur tenía cinco pies de longitud y era tan gruesa como la parte superior de mi brazo. ¡Ésa es una gran serpiente acuática![2]

La serpiente acuática marrón no venenosa es la que más se confunde con la mocasín de agua venenosa. Es fácil ver porqué. Las dos serpientes viven en los mismos lugares. Tienen manchas similares y ambas tienen cabezas triangulares.

En el pantano de cipreses, Deanna y yo seguimos una pasarela angosta que nos condujo más y más profundamente hacia el silencio. Los únicos sonidos que escuchábamos eran nuestros propios pasos sobre los tablones de madera. Entonces, en algún lugar lejano, un búho manchado gritó: "Bu-buu-buu-buuuu". A nuestro alrededor, sólo veíamos árboles y agua hasta que otro búho, posado justo sobre nosotros, respondió ululando: "Bu-buu-buu-buuuu".

Los búhos manchados habitan en muchos pantanos. Su canto, que suena como alguien preguntando "¿Búho? ¿Búho?", es un sonido muy común en los pantanos.[3] Este búho cantó otra vez, después desplegó las alas y voló en silencio hacia otro lugar para posarse. Cuando la mayoría de los búhos están durmiendo, estos búhos del pantano están bien despiertos cazando todo el día. ¿Cuándo duermen?

Donde yo vivo, los mapaches son criaturas nocturnas. Pero en las tierras pantanosas del sur, los mapaches cazan durante el

día, cuando es menos probable que se crucen con un caimán hambriento. Los caimanes, por lo general, se alimentan después del anochecer.

Un día en Georgia, en el pantano Okefenokee, vi un mapache caminado por un <u>canal</u>. En cierto momento, el mapache pasó caminando junto a un gran caimán que estaba medio escondido sobre la ribera cubierta de hierba. El caimán comenzó a reptar inmediatamente hacia el mapache. Sin saber que era acechado, el mapache se detuvo a pescar en el agua con las patas delanteras. El caimán se quedó petrificado sobre su rastro de barro. El mapache comenzó a caminar por el agua otra vez. El caimán lo siguió acercándose más y más. Cuando ya tenía al mapache a su alcance, el caimán se hundió aún más en la vegetación y se preparó para abalanzarse sobre él. Unas hojas secas crujieron. El mapache las oyó y se alejó <u>correteando</u>.

Los mapaches, las zarigüeyas, las nutrias, los linces, los osos negros americanos y los ciervos, proliferan en los pantanos. Pero ver estos mamíferos en un pantano es mucho más difícil que ver reptiles y aves. Los mamíferos no se asolean al aire libre como lo hacen los reptiles. Tampoco atraen la atención hacia ellos con movimientos rápidos o sonidos estridentes como lo hacen las aves. Ver a un mamífero en un pantano es poco frecuente.

Para evitar que el pelaje se les empape, los mamíferos que viven en los pantanos deben hacer uso de las pocas tierras altas. Hasta unas cuantas hierbas enmarañadas pueden ser una isla seca para un mamífero de pantano mojado y cansado.

A veces, sencillamente no puedo irme de un lugar. En el manglar, siempre me quedo hasta el último momento de luz y deseo que el día sea más largo. Hay tantas cosas más que quiero ver, más pantanos y millas cubiertas de tierra inundada de agua.

Estudio de géneros

Memoria/narrativa personal: En una memoria, el escritor a menudo mira retrospectivamente con emociones mezcladas. En esta selección, el escritor experimenta felicidad porque está en un lugar que disfruta, pero también expresa tristeza porque sabe que tendrá que partir y volver a casa.

Después de leer

Tomar notas: Pida a los estudiantes que hagan una lista de tres detalles interesantes que hayan aprendido sobre los pantanos del sur y los animales que allí viven. Ayúdelos leyendo en voz alta algunos pasajes otra vez, según sea necesario.

Estudiante: Pensar en voz alta

Use la Hoja reproducible número 3 para que los estudiantes compartan con el resto de la clase una parte de la descripción que hayan podido imaginarse.

"Pude imaginarme . . ."

Pensar y responder

1. ¿Cómo sabe el autor tanto sobre los pantanos? *Respuestas posibles: Ha visitado muchos pantanos; tal vez haya leído artículos sobre animales del pantano.* **Inferir**

2. Una memoria incluye los sentimientos personales del autor sobre un tema. Menciona un ejemplo del texto que muestre cómo Jim Arnosky se siente con respecto a los lugares silvestres y pantanosos. *Respuestas posibles: Siempre siento una mezcla de entusiasmo y cautela cuando estoy en un pantano; A veces sencillamente no puedo irme de un lugar. Siempre me quedo hasta que oscurece.* **Género**

3. ¿Por qué crees que Jim Arnosky eligió escribir sobre una visita a un pantano? *Acepte respuestas razonables. Respuestas posibles: Quizá el pantano sea uno de sus lugares preferidos y quiere compartir su entusiasmo con otros. Tal vez quiera que las personas consideren que los pantanos son lugares repletos de vida silvestre.* **Propósito del autor**

La oscuridad es mi amiga

tomado del libro en inglés Mouse Tail Moon

Joanne Ryder

Género: Poema narrativo

Elemento poético: Metáfora

Estrategia de comprensión: Hacer preguntas

Pensar en voz alta: Hoja reproducible número 1

Antes de leer

Género: Diga a los estudiantes que un poema narrativo cuenta una historia. El lenguaje de este poema es figurativo. Una metáfora es una comparación entre dos cosas que no parecen tener nada en común. La poetisa usa lenguaje figurativo para desarrollar el significado. Ayúdelos a recordar que, en "Largo viaje", Langston Hughes también usó la metáfora: comparó el mar con un desierto y una jungla. El siguiente poema compara a la oscuridad con un amigo.

Ampliar el vocabulario: Antes de leer el poema, presente estas palabras:

susurrar: hacer un ruido suave, como las hojas secas en el viento

intruso: persona que no pertenece a un grupo determinado

prestar: dar u ofrecer

Establecer el propósito de lectura: Pida a los estudiantes que identifiquen el tono, el carácter y la emoción que se transmite en la comunicación verbal y no verbal.

Durante la lectura

Lea el poema sin interrupciones. Luego vuelva a leer, haciendo pausas para atraer la atención de los estudiantes hacia Pensar en voz alta y la referencia al género.

Estudio de géneros

Poema narrativo: Los poetas a veces hacen que los personajes usen errores gramaticales porque suena más realista. El narrador de este poema dice *aquel* en lugar de *aquellos*.

Pensar en voz alta

[1]*Me pregunto quién o qué es el narrador. La poetisa proporciona pistas sobre la identidad del narrador. Sé que el narrador es pequeño y activo por la noche. ¿Es una persona o un animal? Me pregunto si podría ser un murciélago. Un murciélago es pequeño y sale de noche. Seguiré escuchando para obtener más pistas.*

La oscuridad es mi amiga

tomado del libro en inglés *Mouse Tail Moon*

Joanne Ryder

La oscuridad es mi amiga.

Nadie me ve.

La oscuridad es mi amiga.

Pequeño soy.

En la noche, lo sé,

en la oscuridad me oculto

y me siento más valiente y astuto.[1]

A mi alrededor, hay a otros, ya sé.

Somos aquél

que la oscuridad libera.

Somos aquél

que susurran y cuchichean,

viviendo vidas que los intrusos no ven.

Nacemos y morimos

en la oscuridad que se apresta

y que las sombras prestan.

Aquellas que se funden en la

claridad del día,

cuando la noche

llega a su fin.

En la oscuridad, o en el día,

soy una sombra, al fin.

La oscuridad es mi amiga.

Establecer el propósito para volver a leer: Una vez que haya leído el poema en voz alta para que los estudiantes lo disfruten, vuelva a leer con el propósito de explorar el uso del lenguaje figurativo que usa la poetisa.

Estudiante: Pensar en voz alta

Use la Hoja reproducible número 1 para que los estudiantes compartan con la clase alguna pregunta que tengan sobre el significado del poema o la identidad del narrador.

"Me pregunto . . ."

Pensar y responder

1. ¿Quién o qué es el narrador? ¿Qué pistas del poema te ayudaron a descubrirlo? *Si bien el narrador es en realidad un ratón, acepte todas las respuestas razonables, como una criatura nocturna o cualquier criatura (animal o humana) que le tenga miedo a la luz del día o a ser visto o descubierto por los "intrusos". Respuesta posible: La poetisa dice que el narrador es pequeño, sale de noche con otros como él, permanece oculto de los intrusos, busca comida, hace ruidos suaves y le tiene miedo a la luz durante el día.* **Analítico**

2. ¿En qué pensarías normalmente al describir a un amigo? En el poema, ¿por qué compara el narrador a la oscuridad con un amigo? *Respuestas posibles: Un amigo es una persona que te agrada y cuya presencia te hace sentir seguro. Es alguien que te cuida. El narrador llama amiga a la oscuridad porque ella le ayuda a mantenerse oculto. Esto ayuda al narrador a sentirse seguro y más audaz.* **Elemento poético**

3. ¿De qué manera la poetisa hace que pensemos sobre la noche y la oscuridad de una nueva forma? *Respuestas posibles: Muchas personas piensan normalmente que la noche es un momento de miedo porque no se puede ver en la oscuridad. En el poema, el narrador disfruta de la noche porque es en ese momento cuando se siente más confiado. La oscuridad libera al narrador porque puede ocultarse.* **Propósito del autor**

Chistes y adivinanzas de hormigas

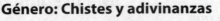

Género: Chistes y adivinanzas

Estrategia de comprensión: Verificar la comprensión

Pensar en voz alta: Hoja reproducible número 5

Antes de leer

Género: Diga a los estudiantes que escucharán chistes y adivinanzas relacionados con las hormigas. Pídales que den sus propias definiciones de chiste y adivinanza. Explique que los escritores de adivinanzas piensan en los distintos significados de las palabras. Esto les permite crear humor con juegos de palabras, sinónimos (palabras con significados similares), homófonos (palabras que suenan igual pero tienen significados y ortografía diferentes) y giros idiomáticos (expresiones del habla). Explique que, el significado doble es lo que hace que una adivinanza sea graciosa.

Ampliar el vocabulario: Para ayudar a los estudiantes a comprender los juegos de palabras de las adivinanzas, presente las siguientes palabras:

> *antiguo:* que tiene muchos años
>
> *antiácido:* medicamento que alivia el malestar de estómago
>
> *inquilino:* persona que paga dinero a un propietario para vivir en un apartamento o casa
>
> *dictador:* alguien que gobierna con un control total

Establecer el propósito de lectura: Pida a los estudiantes que escuchen con atención los chistes y adivinanzas para ver qué juego de palabras pueden identificar.

Durante la lectura

Lea los chistes y adivinanzas sin interrupciones haciendo pausas al finalizar cada uno para que los estudiantes descubran el humor. Luego, vuelva a leer, para atraer la atención de los estudiantes hacia Pensar en voz alta y la referencia al género.

Chistes y adivinanzas de hormigas

¿Cómo se llama la hormiga que sirve para hacer los cimientos de un edificio y darle solidez? *Hormig-ón.*

¿Qué usan las hormigas *antiguas* en la cabeza? *Hor-quillas.*

¿Cuál es la mascota favorita de las hormigas? *El oso hormiguero.*

¿Qué hace que las hormigas se vean siempre limpias? *La colonia.*[1]

¿Cómo le dicen a una hormiga muy, muy fea? *Hor-rible.*

¿Por qué salta tan molesto el granjero? *Porque tiene hormigas en sus plantas.*

¿Por qué una hormiga enciende una motocicleta sobre la tapa de una caja? *Porque la caja dice "Arrancar sobre la línea punteada".*[2]

¿A quiénes contratarías si tuvieras que construir una casa? *A las hormigas carpinteras.*

¿Qué son esos insectos que se arrastran por el suelo y tienen uniforme y casco? *Hormigas guerreras.*

¿Qué sientes cuando te pones nervioso porque el inquilino no paga su renta? *Hormig-ueo.*

¿Dónde crees que las hormigas acostumbran a cocinar su cena? *En un hor-no.*

¿Por qué las hormigas bailan en ronda sobre los frascos? *Porque la tapa dice "Gire para abrir".*

¿Cuánto queso crees que comería una hormiga en un solo día? *Una horm-a.*

¿Qué parte del pan prefieren las hormigas? *La miga.*

¿Cuál es la flor favorita de las hormigas? *La hor-tensia.*

¿Qué necesita para gobernar con autoridad una hormiga dictadora? *Un ejército de hormigas.*

¿Qué hace con los billetes de los viajeros la hormiga roja que trabaja como inspectora en el ferrocarril? *Los pica.*[3]

Pensar en voz alta

[1]*Sé que la colonia es la comunidad de las hormigas, pero la adivinanza pregunta por las hormigas limpias, por lo tanto, colonia puede ser también el agua con fragancia que uno utiliza después de darse un baño. Esto me hace pensar en otro significado de la palabra colonia y ver que cualquiera de las dos alternativas es posible.*

Pensar en voz alta

[2]*En un primer momento, pensé que este chiste no tenía sentido. Entonces, me di cuenta de que la palabra arrancar sirve tanto para decir que quitas algo con fuerza, como para encender un motor o ponerlo en marcha. El juego, entonces, se basa en el equívoco que se puede producir si tomas la palabra arrancar con la acepción incorrecta.*

Chistes y adivinanzas: Las respuestas a muchas de las adivinanzas tienen juegos de palabras con *hormiga*. El escritor usa un guión para resaltar la palabra *hormiga,* que no siempre se distingue cuando la respuesta se da con naturalidad. Muestre a los estudiantes algunos ejemplos del libro.

¿Qué tienen las antenas de las hormigas que hace que no tengan dolor de estómago? _Antiácido._

¿A dónde van las hormigas de vacaciones? *A Puerto Hormiga (Colombia).*

¿Quién es el pintor favorito de las hormigas rojas? *Picasso.*

¿En qué tipo de ciudades viven las hormigas a las que no les gusta el campo? *En ciudades hormiguero.*

Muchas damas por el camino, todas vestidas de negro, ¿quiénes son? *Las hormigas.*

¿Cómo se llama una hormiga que va de un lugar a otro sin parar? *La hormiguita viajera.*

Pensar en voz alta

[3]*Sé que picar significa marcar un billete. Pero también sé que las hormigas rojas pueden producir picaduras. Prestaré atención a este juego de palabras porque, quizás, encuentre otra adivinanza donde pueda utilizar lo que he aprendido.*

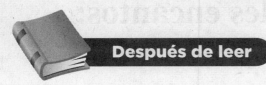

Después de leer

Establecer el propósito para volver a leer: Una vez que los estudiantes hayan disfrutado de los chistes por diversión, vuelva a leer la selección y ayúdelos a identificar los diferentes tipos de juegos de palabras. Luego, pida a los estudiantes que trabajen en grupos pequeños para escribir sus propios chistes y adivinanzas de hormigas.

Estudiante: Pensar en voz alta

Use la Hoja reproducible número 5 para que los estudiantes comenten acerca de cómo descubrieron el humor de un chiste o de una adivinanza que no entendieron al principio.

"Observé que el autor usó. . ."

Perspectiva cultural

Muchos documentos de una gran variedad de culturas incluyen adivinanzas. Las adivinanzas orales probablemente se remontan al comienzo del habla. La adivinanza escrita más antigua se encuentra en una tablilla creada por la cultura babilónica alrededor de 4,000 años atrás.

Pensar y responder

1. Señala algunas adivinanzas en las que el escritor genere humor usando una palabra que tiene más de un significado. ¿Cuáles son algunos significados de la palabra? *Respuestas posibles: ¿Qué sientes cuando te pones nervioso porque el inquilino no paga su renta? Hormigueo. Hormigueo significa una gran cantidad de hormigas que van de un lado a otro, y también es sinónimo de cosquilleo.* **Crítico**

2. ¿Qué hace que un chiste o una adivinanza sea divertido? *Respuesta posible: El escritor usa palabras de manera creativa para hacer reír a las personas.* **Género**

3. Los escritores de chistes y adivinanzas necesitan que sean simples y usan temas conocidos por la mayoría de las personas, ¿por qué? *Respuesta posible: Si son simples son más fáciles de entender. Si las personas entienden el tema, serán capaces de entender qué es lo que hace que el chiste o la adivinanza sean divertidos.* **Propósito del autor**

Pequeños artistas, grandes encantos:

Muestra del trabajo de un niño de 12 años

Fabiola Santiago

Género: Artículo de periódico

Estrategia de comprensión: Verificar la comprensión

Pensar en voz alta: Hoja reproducible número 1

Antes de leer

Género: Diga a los estudiantes que escucharán un artículo de periódico. Recuérdeles que el objetivo de estos artículos es informar a los lectores sobre un suceso o una persona reales. Explique que la mayoría de los artículos de periódico responden a estas preguntas: *quién, qué, cuándo, dónde* y *por qué*.

Ampliar el vocabulario: Presente las siguientes palabras antes de leer para que los estudiantes entiendan mejor la selección:

> *lienzos:* pedazos grandes de tela sobre los que pintan los artistas
>
> *musa:* alguien o algo imaginario que te inspira
>
> *trance:* estado similar al sueño que experimenta una persona cuando está muy concentrada
>
> *coleccionista:* alguien que compra obras de arte como pasatiempo

Establecer el propósito de lectura: Pida a los estudiantes que escuchen con atención para descubrir quién es Alejandro Fernández y por qué es especial.

Durante la lectura

Use Pensar en voz alta para leer el artículo por primera vez. Las notas acerca del género y las perspectivas culturales pueden usarse con lecturas posteriores.

Pequeños artistas, grandes encantos:

Muestra del trabajo de un niño de 12 años

Fabiola Santiago

Apenas tiene 12 años, es un niño de mejillas grandes y aire angelical que está enfrascado leyendo *Oliver Twist* por primera vez y que todavía no es lo suficientemente alto para alcanzar algunos de los lienzos que tiene delante.

Pero lo que pinta Alejandro Fernández está llegando a precios de adultos.[1]

—Es así —dice Alejandro frente a dos de sus trabajos que se exhibirán el viernes en el Centro Internacional de Arte de Coral Gables, *Mujer con sombrero* y *Mujer con vestido rojo,* valuados ambos en $6,000—. Tengo una musa y cuando desciende, voy hasta mi lienzo y comienzo a pensar lo que que quiero hacer.

Mujer con vestido rojo, por ejemplo, empezó vestida de azul.

—Quería pintar una mujer pensando, con los ojos cerrados, rodeada de sus pensamientos —dice.

Cuando terminó, hizo lo que siempre hace: dejar descansar el cuadro por tres o cuatro días.

Cuando volvió al cuadro, para él estaba todo listo, excepto por el color del vestido. Lo cambió a blanco y después, a rojo.

—No puedo explicarlo —dice acerca de su método—, pero busco y busco y algo me dice cuándo lo he encontrado, y entonces, me detengo.

Cuando llega a un punto del lienzo que no alcanza, Alejandro acerca una silla, cualquier silla, incluso alguna de las elegantes sillas del comedor.

Se sube a ella y pinta.

Sus padres se lo permiten, no quieren interrumpir su trance.

—Creo que no hay un lugar de la casa que no tenga una pincelada por algún lado —dice papá Victor Fernández.

Alejandro y su padre dicen que Alejandro pinta principalmente sábados y domingos, cuando no va a la escuela (acaba de terminar sexto grado) y sólo mientras tiene ganas, es decir, hasta que un partido de básquetbol le atrae.

—No le insistimos para nada —dice su padre—. Nunca lo hemos hecho. Pintar sencillamente es algo que eligió hacer cuando era pequeño. Queremos alimentar su talento, pero al mismo tiempo, nos preocupan las presiones porque es muy joven.

Pensar en voz alta

[1]*Noté que la autora usó contraste en el título y al comienzo del artículo. Me pregunto por qué. Alejandro sólo tiene 12 años y no es lo suficientemente alto para alcanzar algunos de sus lienzos, pero sus pinturas se venden a los mismos precios que las pinturas hechas por adultos. Esa debe ser la razón.*

Pensar en voz alta

[2] *Esta parte del artículo me cuenta sobre la vida de Alejandro. Esta clase de información me ayuda a aprender más sobre él como persona.*

Pensar en voz alta

[3] *Me pregunto si muchas de las pinturas de Alejandro se parecen. La escritora me dice que todas las mujeres de los cuadros de Alejandro se basan en su madre.*

El currículum de Alejandro es breve: del papel y los crayones a esta primera exposición de acrílicos sobre tela, pero su trabajo tiene un estilo excepcional similar al de Matisse que a la gente le gusta, comenta el dueño de la galería Fred Castro.

—Ya hemos vendido tres piezas —dice Castro—. Ni bien las pusimos en exhibición, se vendieron. Una coleccionista que es cliente compró dos y otra señora compró una.

Las obras de arte más pequeñas se vendieron a $2,500 y $3,500; la más grande, *Mujer con vestido rojo*, se vendió en $6,000, dice Castro.

Castro promete donar 20 por ciento de lo recaudado de la exposición de Alejandro a la organización sin fines de lucro Manos en acción de Hialeah, un centro de prevención del abuso infantil que fue fundado por otra artista de galería, Carmen Portela, después de que su hijo fuera asesinado por un hombre que había sufrido abusos de pequeño.

Alejandro, quien vive en Puerto Rico, comenzó a pintar cuando tenía 5 años y vivía en su ciudad natal, Santa Clara, en el centro de Cuba.[2]

Dejó Cuba hace apenas un año cuando él y su mamá ganaron la lotería de visas de Estados Unidos y pudieron unirse a su papá, quien abandonó la isla hacia México y cruzó la frontera con Estados Unidos con la esperanza de reunir a su familia en el futuro.

Las mujeres de las obras de arte de Alejandro están inspiradas en su única modelo: su madre, Marlén Finalé.[3]

—Es hermosa y ahora tiene una panza así de grande —dice sobre Marlén, quien está esperando el segundo hijo de la familia.

Alejandro dice que casi nunca está conforme con sus piezas terminadas.

—Siempre pienso que puedo hacer algo más lindo —dice.

Pero su favorito es *El violinista,* un cuadro que pintó algunos años atrás y su familia se niega a vender.

Adorna la pared de la sala de su casa.

—Tiene un movimiento que me gusta mucho — dice Alejandro.

Resumir: Pida a los estudiantes que resuman el artículo en un párrafo. Recuérdeles que sólo deben incluir la información más importante para responder a las preguntas: *quién, qué, cuándo, dónde* y *por qué.* Luego, pida a los estudiantes que comenten sus reacciones acerca del al artículo y sus opiniones sobre Alejandro.

Estudiante: Pensar en voz alta

"Me pregunto . . ."

Use la Hoja reproducible número 1 para que los estudiantes compartan alguna pregunta sobre Alejandro o su arte.

Perspectiva cultural

A través del Programa de visas de diversidad, Estados Unidos otorga 50,000 visas de inmigrantes por año a personas de otros países. Las visas autorizan a las personas a vivir y trabajar en forma permanente en ese país. Estas visas no están disponibles para personas que provengan de países que hayan enviado a más de 50,000 inmigrantes a Estados Unidos durante los últimos cinco años. Pida a los estudiantes que identifiquen otros elementos culturales en el artículo.

Pensar y responder

1. ¿De qué manera Alejandro se comporta como un típico niño de 12 años? ¿De qué manera se comporta como un adulto? *Respuestas posibles: Va a la escuela y juega al básquetbol. Pinta cuadros que se exhiben en galerías de arte y que las personas quieren comprar.* **Analítico**

2. ¿Qué aportan las citas de Alejandro, su padre y el dueño de la galería al artículo de periódico? *Respuestas posibles: Permiten que los lectores escuchen al artista hablar sobre su trabajo en sus propias palabras. Hacen que el artículo sea más interesante porque los lectores aprenden más sobre Alejandro por lo que dicen su padre y el dueño de la galería.* **Género**

3. ¿Por qué crees que Fabiola Santiago eligió escribir sobre Alejandro? *Respuestas posibles: Tal vez haya pensado que a la gente le interesaría saber sobre él y su arte. Alejandro es un tema interesante para un artículo porque es un niño pequeño que pinta y vende sus obras de arte por mucho dinero.* **Propósito del autor**

WILLIAM "DUMMY" HOY: héroe silencioso del béisbol

Constance Keremes

Género: Biografía

Estrategia de comprensión: Hacer preguntas

Pensar en voz alta: Hoja reproducible número 6

Antes de leer

Género: Explique a los estudiantes que escucharán una biografía de un hombre que hizo un gran aporte al béisbol. Recuérdeles que una biografía presenta hechos y detalles interesantes sobre la vida de una persona. El tema de una biografía se relaciona con alguien que hizo algo notable o único.

Ampliar el vocabulario: Presente las siguientes palabras antes de leer:

zapatero: alguien que arregla zapatos

hazaña: una acción fuera de lo común producto de la destreza

carruaje: vehículo tirado por un caballo

en masse: en grupo

Establecer el propósito de lectura : Pida a los estudiantes que escuchen con atención para descubrir por qué William Hoy es llamado el "héroe silencioso" del béisbol.

Durante la lectura

Use En voz alta para leer la historia por primera vez. Las notas acerca del género y las perspectivas culturales pueden usarse con lecturas posteriores.

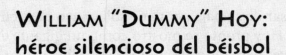

WILLIAM "DUMMY" HOY:
héroe silencioso del béisbol

Constance Keremes

¡*Pack*! El sonido más dulce que escucha un jugador de béisbol es el golpe del bate contra la pelota. William "Dummy" Hoy nunca escuchó ese sonido especial, a pesar de que fue uno de los más grandes jugadores en la historia del béisbol.

William Hoy nació el 23 de mayo de 1862 en Houcktown, Ohio. Cuando tenía apenas dos años, quedó sordo a causa de meningitis.

Si bien William no podía oír, se las ingenió para aprender a jugar al béisbol. Nunca perdía la oportunidad de lanzar la pelota para practicar aunque le quitara tiempo a la tienda del zapatero en la que trabajaba, para lanzar y atrapar la pelota con los niños del vecindario. Se convirtió en un jugador excelente. Un día alguien notó lo bien que jugaba y le sugirió que participara en un partido de béisbol en otra ciudad.

Muy pronto William Hoy iniciaba una carrera de jugador profesional de béisbol. En 1886, cuando tenía 24 años, comenzó a jugar en Oshkosh, Wisconsin. En aquellos primeros tiempos del béisbol, hace más de cien años, los árbitros gritaban sus decisiones durante los partidos. Después de cada lanzamiento, tenía que preguntarle a su entrenador si el árbitro había gritado bola o *strike*. Con frecuencia, el lanzador del otro equipo dejaba a William fuera de juego mientras él hablaba con su entrenador, lanzando otra vez antes de que William estuviera listo.

En 1887, a William se le ocurrió una idea para que el juego fuera más justo. Le pidió al *coach* de tercera base que hiciera señas con las manos para indicarle qué había dicho el árbitro. William adaptó señas que había aprendido del lenguaje americano de señas.

—El *coach* de tercera me mantenía informado levantando la mano derecha para los *strikes* y la izquierda para las bolas —explicaba William. Ya no tenía que perder tiempo consultando a su entrenador cuando estaba bateando.[1]

—Lo árbitros aceptaron la idea —dijo William.

Las señas de William Hoy todavía se usan en los juegos de béisbol. Esas dos sencillas señas dieron origen a muchas otras que los árbitros, los *managers* y los jardineros usan tanto en el béisbol como en el softbol.

Pensar en voz alta

[1] *Creí que el hecho de que William hubiera propuesto la idea de usar señas manuales era importante en este texto porque sé que las señas manuales se usan en los juegos de béisbol hoy en día.*

Estudio de géneros

Biografía: Además de proporcionar la información biográfica básica, la autora incluye anécdotas interesantes o historias que le dan al lector más datos obre la clase de persona y jugador que era William Hoy.

Pensar en voz alta

[2] *Al principio creí que era cruel que los otros jugadores llamaran "Dummy" a William y después descubrí que no era un insulto. En esa época, dummy era una palabra que describía a una persona sorda. No tenía el significado de "tonto" que tiene ahora.*

A pesar de su baja altura de sólo cinco pies, cinco pulgadas, William Hoy pronto se mostró como un gigante en el campo de juego. Jugó para muchos equipos de la liga mayor entre 1886 y 1902, pero pasó más tiempo con los Cincinnati Reds. William era rápido y astuto. Robó 605 bases en su carrera. Además era un jugador muy potente. Un escritor de *Sports Illustrated* dijo: "Hoy podía lanzar *strikes* por la base del bateador desde su posición en el centro del campo. Tres veces con un corredor en segunda. Hoy cargaba una simple y lanzaba perfectamente al receptor de Washington, Connie Mack, bloqueando al corredor en cada oportunidad". Fue el primer jugador en la historia en tres jardineros que logró una hazaña como ésa.

Nada podía impedir que William hiciera una jugada. Se decía que había perseguido un globo, saltando por encima de un carruaje, para atrapar la pelota. La leyenda dice que hasta montó el caballo.

William Hoy les enseñó a sus compañeros de equipo cómo comunicarse. Sam Crawford, que jugaba con William en el jardín, explicaba: "Yo estaba en el jardín derecho y él, en el centro. Yo tenía que prestar mucha atención para escuchar si había atrapado un globo. Hacía una especie de ruido gutural, como un pequeño graznido y, cuando salía un globo y él hacía ese ruido, yo sabía que él lo iba a atrapar. Nunca tuvimos ningún problema sobre quién iba a buscar la pelota".

Lo llamaban "Dummy"(sordo en inglés). El sobrenombre suena cruel hoy en día, pero hace muchos años atrás, era muy común que a las personas que no podían escuchar o hablar se las llamara sordomudo. William decía que su sobrenombre nunca le molestó. Probablemente sabía que sus compañeros de equipo respetaban el gran trabajo que hacía en el campo. Esos compañeros también admiraban su amabilidad. William nunca fue expulsado de un juego por indisciplina.[2]

William también provocó un sentimiento de honestidad y justicia al l béisbol. Un día, un árbitro eliminó a un bateador después que le pareció que una pelota había sido atrapada en el aire. Como estaba oscuro, los dos equipos discutieron la decisión. Aun cuando el otro equipo saldría beneficiado, William, que había visto la jugada, honestamente informó que la bola había sido atrapada antes de que rebotara.

Los fanáticos de William también lo admiraban. En 1892, un escritor de *Sporting Life* escribió: "Cuando el jardinero Hoy hacía una atrapada brillante, la multitud se levantaba 'en masse' y sacudía los sombreros y los brazos violentamente". Era una ovación silenciosa que sabían que William entendería. William Hoy se mostró como un hombre igualmente sobresaliente fuera del campo de juego. Siempre le gustó trabajar con niños. Después de retirarse del béisbol en 1903, dedicó mucho tiempo a trabajar con la comunidad de personas con problemas de audición cerca de su hogar en Ohio. Prestó servicios en Goodyear como Director de Personal para los trabajadores sordos. También encontró tiempo para entrenar al club de béisbol Goodyear Silents, un equipo de jugadores con problemas de audición.

En 1951, William Hoy se convirtió en el primer jugador en ser consagrado en el Hall de la Fama de la Asociación Atlética Americana para Sordos. Siempre activo, incluso en su vejez, William lanzó la primera bola en la Apertura de la Serie Mundial de octubre de 1961. Murió apenas dos meses después, a los 99 años.

Si bien han pasado más de cuarenta años desde la muerte de William Hoy, su leyenda vive tanto en el mundo del béisbol como en la comunidad de personas con problemas de audición. Atletas con todo tipo de dificultades o aptitudes físicas pueden encontrar en William Hoy la inspiración para que sus propios sueños se hagan realidad.[3]

Pensar en voz alta

[3]Esto me ayuda a entender por qué la autora eligió escribir sobre William Hoy. Cree que otras personas pueden sentirse inspiradas para perseguir sus sueños después de leer sobre todas las cosas que logró Hoy.

Volver a contar: Pida a los estudiantes que resuman los sucesos importantes de la vida de William Hoy.

Estudiante: Pensar en voz alta

Use la Hoja reproducible número 6 para que los estudiantes compartan una reacción que hayan tenido ante un suceso o una idea de la selección.

"Creí que _____ era importante en este texto porque . . ."

Perspectiva cultural

Comente con los estudiantes la importancia histórica de los logros de Hoy en deportes. Explique sobre cómo el sistema de Hoy puede haber cambiado otros deportes. Desde 1924, los atletas han estado compitiendo en los Juegos Mundiales para Sordos, ahora conocidos como Juegos Olímpicos para Sordos. Casi doscientos atletas compitieron en la primera competencia, que fue idea de Eugène Rubens-Alcais de Francia. Actualmente, miles de atletas sordos y con problemas de audición compiten por sus países.

Pensar y responder

1. ¿De qué manera muestra la autora que Hoy era un héroe dentro y fuera del campo de béisbol? *Respuestas posibles: Dice que él trabajaba con otras personas con problemas de audición. Entrenó a un equipo de jugadores con problemas de audición.* **Analítico**

2. ¿De qué manera la autora agrega interés a la selección? *Respuestas posibles: Incluye citas de otros jugadores y personas que vieron jugar a William Hoy. Comenta sucesos específicos que ocurrieron durante algunos partidos.* **Género**

3. La autora llama a William Hoy un "héroe silencioso". ¿Crees que es apropiado que la autora lo describa como un héroe? ¿Por qué sí o por qué no? *Acepte respuestas razonables. Respuestas posibles: Sí, porque un héroe es una persona que muestra coraje o fuerza excepcionales, como hizo Hoy cuando decidió jugar a pesar de su dificultad auditiva.* **Propósito del autor**

Con sólo tocar un botón

Pat Moon

Género: Poema con rima

Elemento poético: Onomatopeya

Estrategia de comprensión: Hacer preguntas

Pensar en voz alta: Hoja reproducible número 3

Antes de leer

Género: Recuerde a los estudiantes que un poema con rima contiene patrones de rima. Las palabras que riman pueden usarse al final de cada verso, verso de por medio o, a veces, en un patrón más complejo. Señale que este poema en particular también contiene palabras de sonidos, un elemento poético conocido como onomatopeya. Los escritores usan estas palabras para enfatizar algún sonido. También añade una calidad musical al texto.

Ampliar el vocabulario: Presente las siguientes palabras para que los estudiantes puedan entender el poema, que fue escrito a comienzos de la década de 1980:

> *percolador:* un tipo de cafetera que empuja el agua a través del café molido

> *licuadora:* un tipo de procesadora

> *freidora:* un recipiente que fríe comida en aceite a alta temperatura

Establecer el propósito de lectura: Pida a los estudiantes que escuchen con atención para descubrir cómo se siente el poeta con respecto al uso de todos estos aparatos.

Durante la lectura

Para enfatizar las palabras sonoras, use un tono expresivo. La primera vez, lea el poema de principio a fin sin interrupciones. Luego, vuelva a leer, haciendo pausas para atraer la atención de los estudiantes hacia Pensar en voz alta y la nota acerca del género.

Con sólo tocar un botón

Pat Moon

Squish hace el lavarropas,
Grrrr ruge el rallador,

Ping suena el microondas,
Pdpt hace el <u>percolador</u>,

Brmmmm suena la aspiradora,
Fium, la secadora,

Wiiizzz hace <u>licuadora</u>,
Shizzz, suena la <u>freidora</u>.[1]

Y las bebidas gaseosas
También tienen su aparato,

Van sonando todos juntos
Debajo del lavaplatos.

Con las usinas a pleno,
El humo sube muy alto,

Cof-cof hace el planeta,
"Cuidado, que me atraganto".

Estudio de géneros

Poema con rima: En este poema con rima, la última palabra de cada estrofa rima con la última palabra de la estrofa siguiente.

Pensar en voz alta

[1] *Pude imaginarme los diferentes aparatos porque el poeta empieza cada verso con una palabra sonora y luego nombra al aparato que hace el sonido. Esto me ayuda a imaginar cómo podría escucharse si todos los aparatos funcionaran al mismo tiempo.*

Establecer el propósito para volver a leer: Vuelva a leer el poema con el propósito de explorar sus significados más profundos, como el mensaje del poeta. Enfatice los últimos cuatro versos. Pida a los estudiantes que escriban su propio poema con rima y sonidos propios del idioma.

**Estudiante:
Pensar en voz alta**

Use la Hoja reproducible número 3 para que los estudiantes compartan algo que hayan notado sobre la elección de palabras del poeta o sobre las imágenes del poema.

"Pude imaginarme..."

Pensar y responder

1. ¿Cómo contrastan los últimos cuatro versos con el resto del poema? *Respuestas posibles: Toda la primera parte trata sobre los aparatos eléctricos y la última parte sobre la manera en que estos artefactos afectan a la Tierra. La primera parte tiene lugar en la cocina y la última parte muestra qué está pasando en el mundo.* **Analítico**

2. Piensa sobre los diferentes patrones del poema. Identifica algunos. *Respuestas posibles: palabras que riman, palabras sonoras, palabras sonoras se mencionan antes del nombre del artefacto.* **Género**

3. ¿Qué propósito tiene la poeta para escribir este poema? ¿Qué mensaje crees que quería compartir con sus lectores? *Respuesta posible: Quiere mostrar que los artefactos de nuestros hogares contribuyen con la contaminación de la Tierra porque usan electricidad o alguna otra fuente de energía para funcionar.* **Propósito del autor**

El zorro y la cigüeña

una fábula de Esopo

Género: Fábula

Estrategia de comprensión: Resumir

Pensar en voz alta: Hoja reproducible número 7

Antes de leer

Género: Diga a los estudiantes que leerá una fábula de Esopo. Recuérdeles que Esopo fue un escritor famoso y que la fábula es una historia que enseña una lección. Explíqueles que los personajes principales son animales que hablan y actúan como personas reales.

Ampliar el vocabulario: Para ayudar a los estudiantes a seguir las acciones de los personajes, presente las siguientes palabras:

acechar: cazar

playo: poco profundo

lamer: sorber o beber líquido, como agua o sopa

Establecer el propósito de lectura: Pida a los estudiantes que lean para descubrir cómo son los personajes principales y la moraleja del cuento.

Durante la lectura

Use Pensar en voz alta para leer la fábula por primera vez. Las notas acerca del género y las perspectivas culturales pueden usarse con lecturas posteriores.

El zorro y la cigüeña

una fábula de Esopo

Hace mucho tiempo, el zorro y la cigüeña eran amigos.[1] Esto es difícil de entender porque los dos son cazadores, si bien el zorro caza en la tierra y la cigüeña en el agua. El zorro cazaba ratones y conejos en el prado junto a la laguna, donde la cigüeña acechaba ranas y peces. A veces hablaban sobre lo que habían cazado o acerca del tiempo.

El zorro sentía curiosidad por la comida de la cigüeña. Un día la invitó a cenar, con la esperanza de que luego ella lo invitara a él. Le prometió compartir un conejo que había cazado ese mismo día. En realidad, quería comerse el conejo él solo, por eso, sirvió sopa de conejo en platos playos. El zorro lamió la sopa con su lengua, pero la cigüeña no pudo. Ella giró la cabeza y torció el cuello, pero sólo pudo meter la punta de su largo pico en el plato. No comió nada y volvió a la laguna con hambre.[2] Al partir, el zorro le dijo:

—No te gustó la sopa porque dejaste mucha en el plato. Siento mucho que no te haya gustado mi comida.

—Oh, no te disculpes —dijo la cigüeña—. ¿Por qué no vienes a cenar a mi casa mañana?

Al día siguiente, el zorro no cazó nada y llegó a la laguna esperando una buena cena. La cigüeña lo saludó y le sirvió la comida. El olor era delicioso, guiso de pescado con hierbas. La cigüeña sirvió el guiso en jarros altos de cuello largo y estrecho de los que podía tomar trozos de pescado con su largo pico. El zorro, en cambio, no podía meter su hocico en el cuello de su jarro. Tenía tanta hambre que olvidó sus buenos modales e intentó verter el guiso en su boca, pero los trozos de pescado se atascaron en el cuello del jarro. Algunas gotas de caldo cayeron sobre sus patas y las lamió. Al terminar la velada, volvió a su casa tan hambriento como la cigüeña la noche anterior.

—Anoche te disculpaste, pero yo no me disculparé —dijo la cigüeña—. Estamos a mano. Después de todo, "el que engaña debe estar preparado para sentirse engañado".

Pensar en voz alta

[1] *El autor dice que hace tiempo el zorro y la cigüeña eran amigos. Algo debió suceder para que ya no lo sean. Quizás el resto de la historia explique qué sucedió.*

Pensar en voz alta

[2] *Esta parte de la historia explica cuán ruin y egoísta es el zorro. Invitó a la cigüeña a cenar, pero no tenía intención de compartir su comida. La cigüeña fue amable y no se quejó de no poder comer del plato playo.*

Estudio de géneros

Fábula: La moraleja enseña una lección de vida y, por lo general, aparece al final de la fábula. La moraleja está relacionada con la personalidad de uno de los personajes.

Después de leer

Volver a contar: Pida a los estudiantes que hagan una historieta para volver a contar el cuento. Pídales que incluyan un diálogo para cada escena y que compartan la historieta con un compañero.

Estudiante: Pensar en voz alta

Use la Hoja reproducible número 7 para que los estudiantes resuman lo que hayan aprendido acerca de las personalidades del zorro y la cigüeña, sobre la base de sus palabras o de sus acciones.

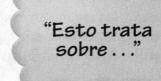
"Esto trata sobre..."

Perspectiva cultural

Comente lo que las fábulas tienen en común y que las moralejas, los temas o las lecciones se aplican a todas las culturas a través del tiempo. Las historias y los personajes de las fábulas de Esopo también se encuentran en cuentos de todo el mundo. En la versión africana de esta historia, "Anansi y la tortuga", Anansi, la araña, engaña a la tortuga en la cena y, finalmente, ella misma termina engañada.

Pensar y responder

1. ¿Cuáles eran las diferencias físicas por las que el zorro y la cigüeña no pudieron comer la comida que se sirvieron el uno al otro? *Respuesta posible: La cigüeña tiene un pico muy largo y no podía comer del plato. El zorro tiene un hocico ancho y no podía comer de un jarro alto.* **Analítico**

2. En las fábulas, los animales actúan como las personas, y en la vida real comparamos a las personas con los animales. A veces decimos que alguien es "astuto como un zorro", lo que significa que la persona es ruin. ¿Cómo describirías a la cigüeña? *Respuesta posible: La cigüeña es muy inteligente; engañó al zorro cuando se dio cuenta de que él la había engañado a ella.* **Género**

3. Explica la moraleja de la fábula con tus propias palabras. *Respuesta posible: Si engañas a alguien, tú también serás engañado.* **Propósito del autor**

Animales asombrosos

Maryalice Yakutchik
y Adrienne Mason

Género: Artículo de no ficción

Estrategia de comprensión: Resumir

Pensar en voz alta: Hoja reproducible número 1

Antes de leer

Género: Diga a los estudiantes que leerá en voz alta varias historias breves de no ficción, acerca de animales. Recuérdeles que los temas de las narraciones de no ficción son personas, cosas o sucesos reales.

Ampliar el vocabulario: Para ayudar a los estudiantes a seguir el texto, presente las siguientes palabras:

lisonjear: prodigar muchas atenciones

depredador: animal que caza a otros animales para alimentarse

recinto: área rodeada por paredes o cercas, comúnmente hallada en zoológicos

vagabundo: animal perdido o sin hogar

Establecer el propósito de lectura: Pida a los estudiantes que escuchen estas tres selecciones breves y que piensen en qué se asemejan.

Durante la lectura

Use Pensar en voz para leer el artículo por primera vez. Las notas acerca del género y las perspectivas culturales pueden usarse con lecturas posteriores.

Animales asombrosos

¡Qué tierno!

Maryalice Yakutchik

LUGAR: Wiesbaden, Alemania

A Mädchen, la pastora alemana, no le importaba <u>lisonjear</u> a su nuevo amiguito. Tal vez fuera porque era un ciervo bebé. Los oficiales de control de los animales le habían traído el cervatillo huérfano a Lydia Weber, que era famosa por adoptar animales. Pero fue su perra la que en realidad se hizo cargo. Mädchen comenzó por lamer al ciervo (ahora llamado Mausi) de pies a cabeza. Y cuando Mausi no tomaba la leche del biberón, Weber sostenía el biberón debajo de Mädchen para que el cervatillo sintiera que su madre estaba amamantándolo. La cuestión es que el lazo de Mausi con su madre canina siempre será enternecedor.[1]

Amigos son los amigos

Adrienne Mason

LUGAR: Antoli, Gujarat, India[2]

Parece que los leopardos creen que tienen que ser amigos de las vacas y no comerlas. Los aldeanos descubrieron al <u>depredador</u> haciendo visitas nocturnas a una vaca que vive en un cañaveral. Los dos se acurrucan juntos y la vaca lame la cabeza y el cuello del leopardo. Si bien los perros ladran sin cesar cuando aparece el leopardo, los aldeanos ven con buenos ojos al gran felino. Desde que comenzó a aparecerse por allí, otros animales que podrían dañar los cultivos se han mantenido alejados, por miedo al leopardo. Por ahora, los funcionarios de fauna y flora están dejando al felino en paz. El leopardo parece poner en práctica eso de *las apariencias engañan*.

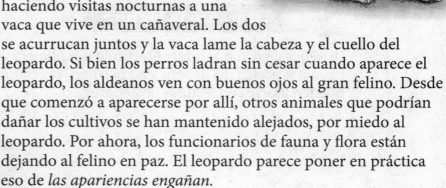

Pensar en voz alta

[2] Me pregunto qué indica el lugar. Veo que los nombres de una ciudad y un país figuran detrás de esta palabra. Creo que es donde el escritor escribió el artículo.

La pareja despareja

Maryalice Yakutchik

LUGAR:

Berlín, Alemania

La gata Muschi pudo haber perdido una de sus nueve vidas después de que cayó en el <u>recinto</u> de una osa, en el zoológico, varios años atrás. Pero su nueva amiga, la osa Mäusschen ¡dejó que conserve las restantes! Se hicieron grandes amigas. La osa negra asiática de 100 libras y la gata de 10 libras se acuestan al sol abrazadas, se acurrucan para dormitar e, incluso, comparten los alimentos, como el pescado, el pollo y las frutas.[3] "Pero, a veces, Muschi se roba el pollo", dice Heiner Klös, vicedirector del Jardín Zoológico de Berlín.

Nadie sabe por qué la osa y la gata se hicieron amigas. Tal vez porque Mäusschen, que tiene 34 años, está demasiado vieja para andar cazando a la <u>vagabunda</u>. O quizás quiera una amiga, una que ronronee en vez de gruñir.

Estudio de géneros

No ficción: El artículo incluye una cita de una persona real, el vicedirector del zoológico. Las palabras de un experto agregan credibilidad a la historia y la hacen más interesante.

Pensar en voz alta

[3] Creo que ésta es una historia fuera de lo común sobre dos animales que normalmente no serían amigos. El autor proporciona varios ejemplos que describen cómo se comportan entre ellos.

Resumir: Vuelva a leer los tres artículos. Pida a los estudiantes que resuman la información clave de cada uno.

Estudiante: Pensar en voz alta

Use la Hoja reproducible número 1 para que los estudiantes compartan con el resto de la clase las preguntas que tengan sobre las inusuales relaciones entre animales descriptas en estas selecciones.

"Me pregunto . . ."

Perspectiva cultural

El Jardín Zoológico de Berlín se inauguró en 1844 y ha crecido hasta convertirse en el zoológico más grande del mundo. Es el zoológico más antiguo de Alemania y alberga a más de 14,000 animales y a más de 1,700 especies.

Pensar y responder

1. ¿Qué tienen en común los tres artículos? *Respuesta posible: Los tres describen una amistad entre dos animales que son básicamente enemigos.* **Analítico**

2. ¿Qué detalles incluyen los escritores para que sus artículos sean más interesantes? *Respuesta posible: El primer escritor describe la manera en que la perra limpia al cervatillo lamiéndolo. En el tercer artículo, el escritor describe cosas que la gata y la osa hacen juntas, como dormitar y compartir los alimentos.* **Género**

3. ¿Por qué crees que se escribieron estos tres artículos? ¿Crees que los autores querían informar, entretener o persuadir? Recuerda que los autores a menudo tienen más de un propósito. *Respuesta posible: Los escritores querían informar, pero también entretener, porque incluyen algunos detalles divertidos.* **Propósito del autor**

Algunos ríos

Frank Asch

Genero: Poema con rima

Elemento poético: Ritmo

Estrategia de comprensión: Hacer inferencias y analizar

Pensar en voz alta: Hoja reproducible número 4

Antes de leer

Género: Diga a los estudiantes que leerá un poema sobre el Everglades de Florida. Recuérdeles que no todos los poemas tienen rima, pero que todos tienen ritmo. El ritmo es creado por las sílabas acentuadas y átonas.

Ampliar el vocabulario: Para ayudar a los estudiantes a comprender el poema, presente las siguientes palabras:

> *ciprés:* tipo de árbol

> *terraplén:* barrera a lo largo de un río para evitar inundaciones

Establecer el propósito de lectura: Pida a los estudiantes que presten atención a los sonidos del lenguaje, al ritmo y a la rima durante la primera lectura.

Durante la lectura

Las secciones del poema que hablan de otros ríos o expresan el interés apasionado del poeta por los Everglades tienen una serie de palabras relacionadas. Estas palabras, que cambian el ritmo abruptamente, están conectadas por la palabra "*y*". La acción vívida de los verbos *empujar*, *voltear* y *derribar* muestra el esfuerzo de esos otros ríos. *Cazadores*, *turistas* y *terraplenes*, sustantivos acentuados en la anteúltima sílaba, son culpados por el daño hecho a los Everglades, que se describe con las palabras: *odio*, *olor* y *pena*. A medida que lee, deténgase antes de cada "*y*" para atraer la atención hacia estas cadenas de palabras y acentuar los cambios en el ritmo.

Algunos ríos

Frank Asch

Algunos ríos corren al océano.

Empujan, voltean y derrumban.

Pero Everglades es un río

al que nada ni nadie apura.

A los cipreses que en lo alto

se yerguen, siempre empapan;

también a la rana arrulla,

tan diminuta y callada;

fluye apenas una milla

en su curso cada día.

Para pensar tiene tiempo

durante la travesía.

¿Pero cómo pelearía

contra los acres maiceros

y pueblos con melancolía?[1]

¿Y cazadores, turistas, terraplenes,

llenándolo de odio y olor y pena?

¿Sólo en el pasado pensará

esa mitad que le queda?

¿O también en el futuro

y cuántas serán sus vueltas?

Algunos ríos corren al océano.

Empujan y voltean y derrumban.

Pero Everglades es un río

al que nada ni nadie apura.

Después de leer

Establecer el propósito para volver a leer: Después de que los estudiantes hayan prestado atención a la rima y al ritmo, vuelva a leer el poema con el propósito de notar la aliteración, como "nada", "ni" y "nadie" y para explorar la imaginería y la personificación.

Estudiante: Pensar en voz alta

Use la Hoja reproducible número 4 para que los estudiantes compartan algo que hayan notado sobre las imágenes usadas por el poeta.

"Entiendo que _____ porque..."

Perspectiva cultural

Los indígenas americanos llamaban a Everglades "agua cubierta de hierbas". Actualmente, algunas personas lo llaman "río de hierba".

Pensar y responder

1. Según el poema, ¿en qué se diferencia el Everglades de otros ríos? *Respuesta posible: Otros ríos se mueven rápido. El Everglades se mueve con lentitud.* **Crítico**

2. En "Algunos ríos" el poeta usa el ritmo para sugerir el lento avance del Everglades hacia el mar. Si escribiera un poema sobre una tormenta, ¿qué clase de ritmo querrías que tuviera el poema? *Respuesta posible: Un rápido ritmo staccato para sugerir la lluvia golpeando el suelo.* **Género**

3. De acuerdo con el poeta, ¿de qué manera las personas afectan negativamente al Everglades? *Respuesta posible: Las ciudades están tomando agua del río; las personas están contaminando el agua.* **Propósito del autor**

POR NUESTRA CUENTA

tomado de *Kon-Tiki: Una verdadera aventura de supervivencia en el océano*

Thor Heyerdahl

Género: No ficción narrativa

Estrategia de comprensión: Hacer inferencias y analizar

Pensar en voz alta: Hoja reproducible número 5

Antes de leer

Género: Diga a los estudiantes que escucharán una narrativa de no ficción, una historia sobre sucesos que realmente ocurrieron, donde el autor escribe directamente sobre sus propias experiencias, ideas y sentimientos.

Ampliar el vocabulario: Presente las siguientes palabras antes de leer para que los estudiantes entiendan la selección:

corriente: fuerte flujo de agua en el océano

a cántaros: en abundancia, con mucha fuerza

corcho: material liviano que flota y se usa para cerrar una botella

cabina: pequeño cuarto en un barco donde las personas pueden refugiarse

Establecer el propósito de lectura: Pida a los estudiantes que escuchen con atención para encontrar detalles sensoriales que los ayuden a entender cómo fue navegar a bordo de la *Kon-Tiki*.

Durante la lectura

Use Pensar en voz alta para leer la historia por primera vez. Las notas acerca del género y las perspectivas culturales pueden usarse con lecturas posteriores.

POR NUESTRA CUENTA

tomado de *Kon-Tiki: Una verdadera aventura de supervivencia en el océano*
Thor Heyerdahl

La vela de la *Kon-Tiki* se llenó de viento. La balsa comenzó a avanzar. ¡Al fin, navegábamos por nuestra cuenta!

Ahora que estábamos en el océano, comenzamos a preocuparnos. Tantas cosas podrían salir mal. La gente nos había advertido. Los troncos grandes de nuestra balsa podrían empaparse con agua y hundirse. Las sogas que mantenían unidos a los troncos podrían romperse. Un viento muy fuerte podría levantar nuestra pequeña balsa y tumbarla.

Nos habíamos reído de eso. Ahora no parecía gracioso. Veíamos la inmensidad del océano. Nos preguntamos: ¿Era este viaje una loca idea, después de todo?

Ya era tarde para volver. En la primera tarde, había soplado un viento fuerte. Una fuerte <u>corriente</u> oceánica nos arrastró. No podíamos hacer dar vuelta a la balsa. La *Kon-Tiki* no podía ir contra la corriente. Las olas eran cada vez más grandes. La *Kon-Tiki* cabeceaba de arriba a abajo como un barco de juguete.[1]

Timonear era nuestro mayor problema. El timón tenía diecinueve pies de largo. Era muy pesado y fuerte. Pero las olas eran más fuertes todavía. Con las olas grandes, el timón salía volando del agua y golpeaba a los timoneles.

Yo tenía miedo. ¿Y si el timón se rompía? ¿Y si se caía al agua? Atamos el timón con una soga. Ahora no se movía tanto. ¡Pero todavía era muy pesado! Había que timonear de a dos. Y teníamos que sostenernos con todas nuestras fuerzas.

Cuando se hizo de noche, el viento sopló más fuerte que nunca. Podíamos ver las crestas blancas de las olas a la luz de la luna. Eran tan altas como el techo de nuestra cabina. Esperábamos que alguna rompiera sobre nosotros.

Las olas pasaban, una detrás de la otra. Cada una hacía un ruido sibilante como si pasara deprisa. ¡Espero no volver a

escuchar ese ruido nunca más! Con cada ola, la popa de la balsa se elevaba alto, alto, alto, en el aire.[2] Sin embargo, de alguna manera, nunca tumbamos.

Nos turnábamos para timonear. La tarea era ardua. Cuando una ola muy grande golpeaba, los hombres al timón debían soltarlo. Entonces, todos nos tomábamos del borde de la balsa y nos aferrábamos firmemente.

Teníamos moretones en las piernas y sangre en las manos.

Todos estábamos muy cansados. Pero intentar dormir también era muy difícil. La embarcación se mecía tanto que no podíamos descansar. Teníamos que atarnos una soga a las piernas para no caernos al mar. Los sacos de dormir estaban mojados y fríos. Nuestra ropa también estaba mojada.

El pobre Knut fue el que peor la pasó. Estaba mareado. Muy pronto, estuvo demasiado débil para trabajar. Sólo se quedaba sentado en una esquina de la balsa. Nuestro loro se sentaba a su lado. ¡Él también estaba mareado!

El mar revuelto duró tres días. Entonces, las olas se hicieron más pequeñas. "Al fin", pensé. "Lo peor ha pasado".

¡Pero me equivoqué! Esa mañana temprano, comenzó a llover a <u>cántaros</u>. Había un hombre al timón. La lluvia lo tomó por sorpresa. Una gran ola golpeó la balsa. Él soltó el timón por un segundo. La *Kon-Tiki* giraba como un <u>corcho</u>. Cuando dejó de girar, estábamos navegando hacia atrás.

La lluvia casi había rasgado la vela en dos. Teníamos que arriarla para salvarla. Todos nos dábamos cuenta de que no había nada más que pudiéramos hacer. Estábamos demasiado cansados para seguir luchando. Teníamos que empezar a tener suerte. Atamos todo lo que había en la cubierta. Uno por uno, nos arrastramos hacia la pequeña <u>cabina</u>.[3] En poco tiempo nos quedamos profundamente dormidos.

Luego, lo que escuchamos fue el feliz chillido de nuestro loro. Era su primer sonido en días. Nos restregamos los ojos y miramos hacia afuera. El sol estaba brillando. El mar estaba calmo nuevamente. Ahora, el océano parecía muy amigable. Nuestra primera tormenta en el mar había terminado.
La *Kon-Tiki* había pasado su primera prueba.

Después de leer

Volver a contar: Pida a los estudiantes que parafraseen la historia sobre cómo la *Kon-Tiki* sobrevivió a la primera tormenta, como si hubieran estado en la balsa. Recuérdeles que deben usar palabras como *yo, me* y *nosotros* en su relato.

Estudiante: Pensar en voz alta

Use la Hoja reproducible número 5 para que los estudiantes identifiquen los detalles que usa el autor, como ayuda para que se imaginen cómo era estar a bordo de la *Kon-Tiki*.

"Obsevé que el autor usó . . ."

Perspectiva cultural

Thor Heyerdahl fue un explorador noruego que quería probar que los pueblos de América del Sur podrían haber navegado hacia el Pacífico Sur. Con una tripulación de cinco miembros, navegó durante 101 días atravesando 4,300 millas del Océano Pacífico hasta llegar a las Islas Tuamotu. Pida a los estudiantes que comenten otras historias sobre exploraciones y que compartan con la clase por qué este tema es común a todas las culturas y todas las épocas.

Pensar y responder

1. ¿Cuál crees que fue la parte más difícil del viaje para los tripulantes de la *Kon-Tiki*? *Respuestas posibles: no saber si sobrevivirían a la tormenta; tener los brazos doloridos y las manos ensangrentadas de sostener el timón; tener una soga atada en las piernas para no caerse de la balsa; no poder dormir; estar mojados y con frío todo el tiempo.* **Analítico**

2. ¿Qué detalles descriptivos usa el autor para que la narración cobre vida para los lectores? *Respuestas posibles: Describe el sonido de las olas y la manera en que mecen la balsa. Describe las piernas magulladas, los brazos doloridos y las manos ensangrentadas de los tripulantes.* **Género**

3. ¿Por qué crees que Thor Heyerdahl eligió escribir sobre su experiencia en el océano? *Respuesta posible: Creo que quería compartir su increíble historia con otras personas.* **Propósito del autor**

Una ballena en el cielo

Anne Siberell

Género: Leyenda

Estrategia de comprensión: Analizar la estructura del cuento

Pensar en voz alta: Hoja reproducible número 1

Antes de leer

Género: Diga a los estudiantes que escucharán una leyenda en la que los personajes principales son animales. Recuérdeles que las personas creaban leyendas como una forma de explicar el mundo, y que todas se enfocan en un tiempo o un lugar específico. Explique que esta leyenda proviene de los indígenas de la costa noroeste.

Ampliar el vocabulario: Antes de leer la leyenda, presente las siguientes palabras:

> *pájaro de trueno:* en la mitología indígena americana, pájaro que causa truenos y relámpagos
>
> *horizonte:* línea donde la tierra y el cielo parecen encontrarse
>
> *salmón:* tipo de pez
>
> *garra:* uña de un ave

Establecer el propósito de lectura: Pida a los estudiantes que escuchen con atención para descubrir cuál es el problema y cuál será la solución.

Durante la lectura

Use Pensar en voz alta para leer la historia por primera vez. Las notas acerca del género y las perspectivas culturales pueden usarse con lecturas posteriores.

Una ballena en el cielo

Anne Siberell

Hace tiempo, los ríos y los mares estaban repletos de peces y árboles altos cubrían las laderas de las montañas. No existía el lenguaje escrito entre las tribus indígenas del noroeste y los trovadores transmitían la historia y las leyendas de una generación a otra. A veces, un cacique contrataba a un artista para tallar una historia en imágenes sobre el tronco de un árbol gigante. Una ballena en el cielo es uno de esos relatos.

El árbol tallado, llamado tótem, identificaba al cacique y a su familia, a su clan y a su tribu.[1]

Hace mucho tiempo, Pájaro de trueno observaba el mar, la tierra y a todas sus criaturas.

Un día, vio a la ballena, pequeña en el horizonte del mar. No vio a la rana, pequeña sobre la orilla del río.

La rana temblaba porque la ballena se hacía cada vez más grande. Los salmones nadaban más y más rápido, mientras la ballena los perseguía a través del mar y hacia el río.[2]

La ballena persiguió a los salmones río arriba y la rana tenía miedo. Llamó al cuervo.

El cuervo voló por el cielo en busca de Pájaro de trueno.

—La ballena se traga a los salmones y los persigue—gritó.

Pájaro de trueno abrió sus alas y voló como el viento.

Vio a la ballena en el río.

Atrapó a la ballena con sus terribles garras y voló hacia lo alto del cielo. La ballena forcejeaba y gritaba.

Pájaro de trueno volaba cada vez más cerca del cielo hasta que dejó caer a la ballena sobre la montaña más alta.

La rana estaba a salvo y le agradeció al cuervo. Ahora había salmones para las personas que vivían junto al río.

Sobre la montaña, la ballena estaba agitada y temblaba. Prometió que se quedaría lejos del río si regresaba al mar.[3]

Pájaro de trueno batió las grandes alas y la ballena resbaló cuesta abajo por la montaña, de nuevo al mar.

El cacique le contó este relato al escultor, quien convirtió el relato en un tótem.

Pájaro de trueno sostiene a la ballena, mientras el cuervo observa al salmón y a la rana.

Estudio de géneros

Leyenda: Este tipo de historia se usa a menudo para explicar algo de la naturaleza, pero no incluye personas ni sucesos reales. En cambio, el cuento incluye animales que tienen características humanas.

Pensar en voz alta

[1] *Sin lenguaje escrito, ¿de qué manera transmitían las personas su cultura y su historia?* Los indígenas del noroeste contaban leyendas y hacían arte como los tótems que contaban cuentos.

Pensar en voz alta

[2] *Me pregunto qué hará la rana con respecto a la ballena. Tal vez encuentre una manera de detenerla.*

Pensar en voz alta

[3] *Creo que la ballena aprendió una lección. Si regresa al mar, no volverá a perseguir a los salmones en el río.*

Volver a contar: Pida a los estudiantes que vuelvan a contar la historia. Pregúnteles de qué manera pudo la rana resolver su problema.

Estudiante: Pensar en voz alta

Use la Hoja reproducible número 1 para que los estudiantes compartan con la clase alguna pregunta que tengan sobre la historia.

"Me pregunto . . ."

Perspectiva cultural

Los pueblos griegos y escandinavos transmitieron su historia a través de leyendas y del arte, al igual que los indígenas de la costa noroeste. Los tótems eran importantes. Cuando se erigía uno, había una gran celebración. Centenares de personas acudían a la ceremonia. Además, la familia o la aldea responsable del tótem alimentaba a todos los visitantes y repartía presentes.

Pensar y responder

1. ¿En qué se parecen Pájaro de trueno y el cacique? *Respuestas posibles: Tanto el cacique como Pájaro de trueno cuidan a las personas o animales que están por debajo de ellos.* **Analítico**

2. ¿Cómo puedes saber que este cuento es una leyenda? *Respuestas posibles: Tiene animales con características humanas. Relata algo que no podría haber sucedido en la vida real.* **Género**

3. ¿Por qué crees que el cacique le contaba este cuento a su pueblo? *Respuestas posibles: El cacique le contaba este cuento a su pueblo para recordarles cómo él los protege y resuelve sus problemas.* **Propósito del autor**

MARY ANNING Y EL DRAGÓN DE MAR

Jeannine Atkins

Género: Descripción biográfica

Estrategia de comprensión: Resumir

Pensar en voz alta: Hoja reproducible número 7

Antes de leer

Género: Diga a los estudiantes que escucharán una descripción biográfica con algunos elementos de ficción, incluidos para aumentar el interés. Este tipo de texto cuenta una historia sobre personas y sucesos reales. La autora ha creado el diálogo y los detalles de la historia. También ofrece una visión realista sobre Mary Anning, su familia y su increíble descubrimiento.

Ampliar el vocabulario: Presente las siguientes palabras antes de leer:

curiosidades: elementos poco comunes que se hallan en la naturaleza

libras: moneda de Inglaterra

extraer: quitar con dificultad

oficio: trabajo que requiere una destreza especial

Establecer el propósito de lectura: Pida a los estudiantes que escuchen con atención para encontrar información sobre la vida de Mary Anning.

Durante la lectura

Use Pensar en voz alta para leer la historia por primera vez. Las notas acerca del género y las perspectivas culturales pueden usarse con lecturas posteriores.

MARY ANNING Y EL DRAGÓN DE MAR

Jeannine Atkins

Mary Anning sabía, por el sonido del mar, que la marea estaba bajando. Estaba ansiosa por buscar lirios de mar y conchas incrustados en las piedras de la orilla, pero tenía que cuidar a su hermano menor mientras su madre trabajaba.

Mary puso más madera en el fuego. Después les habló lentamente a sus hermanos, mientras hacía sombras de dragones de mar en la pared. Llegar al final de la historia más rápido no haría que su madre llegara antes a casa.

Pero en cuanto su madre entró a la casita, Mary llamó al perro, Blackie, y tomó su sombrero, su canasta y sus herramientas. El cartel que rezaba OBSEQUIOS Y CURIOSIDADES golpeó sin hacer ruido la puerta mientras su madre la seguía.

—¡Espera!

Su madre le sacó el sombrero de paja y le dio uno de copa.

—¡Es un sombrero de hombre! ¡No es para una niña! —se quejó Mary, repitiendo lo que su madre había dicho cuando su padre estaba vivo.

—Protegerá tu cabeza de las rocas que caigan, Mary —dijo la madre. Eso solía decir su papá. Los resistentes sombreros de copa protegían a los jinetes cuando se caían de sus caballos. La madre puso una flor en la cinta del sombrero y susurró:

—Algún día tendrás el sombrero más elegante del pueblo.

Mary besó a su mamá y corrió hasta la orilla del mar. Cuando llegó a los acantilados grises, levantó los brazos para sentir la brisa, imaginando que volaba. Puso manos a la obra: buscó curiosidades en piedras y conchas para vender a los citadinos que venían hasta aquí en busca del aire del mar.

Después de la muerte de su padre el año anterior, Mary había dejado los estudios para ayudar a ganar dinero. La madre vendió la mayoría de las herramientas de carpintería de su padre para comprar comida. El serrucho y los metros ya no estaban, pero Mary nunca olvidaría que su padre la había llevado al bosque para mostrarle de dónde habían salido las sillas y las mesas.

—Todo empieza en algo vivo —había dicho—. Si miras con mucha atención puedes ver el árbol que hay en una mesa.[1]

Ahora, en la orilla del mar, Mary miró con mucha atención, como siempre. Trepó a las piedras que la lluvia y el viento habían separado de los acantilados. Miró hasta que vió unas marcas sobre

Pensar en voz alta

[1]*Esta parte es importante porque ofrece mucha información sobre esta familia. Me entero de que el padre de Mary murió, y ella tuvo que dejar los estudios para ganar dinero y ayudar a mantener a su familia.*

una piedra amplia y plana. Picó con el cincel y el martillo. Parecía que las líneas formaban un diente. Había encontrado dientes antes. Los turistas rara vez los compraban. Mary marcó el lugar y siguió buscando algo más lindo.

Encontró una piedra con forma de serpiente. Su contorno estaba desdibujado como una sombra. Picó con el cincel hasta quitar la piedra más blanda de alrededor, quitó el polvo con un pincel, separó la piedra con forma de serpiente y la arrojó en su canasta. Luego, se levantó y miró los acantilados desde donde su padre había caído. La caída había empeorado la tos de la que murió papá, pero nunca él odió a los acantilados o a las tormentas que aflojaron las rocas. Las piedras partidas que había estado buscando tenían algo misterioso.

Mary volvió apurada al lugar que había marcado. ¿Qué pasaría si no fuera sólo un diente, sino toda una hilera de dientes? Mary picó con delicadeza. Apareció otra forma como la primera. Mary ahora estaba segura de que eran dientes, pero ¿de qué criatura? Una ola tocó su falda, ya era hora de salir de la playa. Cuando la marea subía, ya no había dónde pararse, entre los acantilados y el océano frío y feroz.

Durante las semanas que siguieron, Mary buscó curiosidades para vender. También dedicó tiempo cada día para picar la piedra de la hilera de dientes, que se iba haciendo cada vez más larga. Sobre el sonido de las olas, oía sus golpes y pinceladas, luego hubo un silencio mientras analizaba lo que había descubierto. Finalmente, un rostro de cuatro pies de longitud apareció debajo de sus manos y rodillas.[2]

Mary trajo a su familia para ver.

—¡Aj! ¡Un cocodrilo! —dijo su prima Sarah.

—¿Qué hace un cocodrilo en Inglaterra? —preguntó Joseph, el hermano mayor de Mary—. ¡Es un dragón de mar!

—Incluso si hay más dragones de mar, ¿quién va querer tenerlos en la sala? —se quejó la tía Ruth—. La gente ya chismorrea que Mary anda por todos lados con un martillo y un cincel y ese tonto sombrero . . . ¡Las faldas empapadas!

—La ropa se seca —dijo la madre de Mary.

—¿Cuándo va a detenerse? —preguntó la tía Ruth.

—Espero que se detenga cuando termine—. La madre apretó la mano de Mary. Sabía que Mary no podría dejar esta piedra, así como una enfermera no podría darle la espalda a un paciente, o un artista abandonar un cuadro a medio pintar.

Durante el invierno, Mary trabajó con manos cuarteadas y enrojecidas. Su capa flameaba en el viento. *Nunca dejes de*

Pensar en voz alta

[2]*Entiendo que se inventó el diálogo para hacer que la biografía cobre vida.*

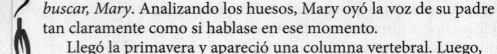

Descripción biográfica: Una descripción biográfica suele incluir información sobre una persona en particular, su familia, lugar de residencia, educación, ocupación, vida y actividades. A veces, un autor agrega algunos elementos de ficción para hacer que la historia sea más interesante.

buscar, Mary. Analizando los huesos, Mary oyó la voz de su padre tan claramente como si hablase en ese momento.

Llegó la primavera y apareció una columna vertebral. Luego, un ala, ¿o era una aleta? Cuanto más trabajaba Mary, más preguntas se hacía: ¿cuánto tiempo atrás es mucho tiempo atrás? ¿Qué había aquí antes de nosotros?

Una noche de junio, la madre de Mary respondió un llamado a la puerta de la casita.

—Quisiera hablar con la señorita Anning. —Un caballero se quitó su sombrero de copa y miró hacia adentro de la tienda—. Soy Lord Henley. Mi familia está aquí de vacaciones y unos niños me llevaron a ver lo que ellos llaman un dragón de mar. ¿Es cierto que la señorita que lo encontró vive aquí?

—Debe estar buscando a mi hija —dijo la madre, señalando a Mary con orgullo.

El caballero pareció sorprendido de hallarse cara a cara con una niña que recién cumplía doce años. Entonces, sonrió y dijo:

—Yo también estoy interesado en los fósiles.

—¿Fósiles? —dijo Mary.

—Los fósiles son huellas de vida antigua que quedaron en la piedra. Lo que tú llamas curiosidades —explicó Lord Henley—. ¿Tienes idea de lo que has hallado, jovencita?

—No, señor. ¿Y usted?

—Sólo sé que debe de tener miles de años; millones, tal vez. Podemos aprender mucho de la tierra a partir de algo como esto —dijo Lord Henley—. Te daré diez <u>libras</u> ahora y otras diez cuando lo saques. Esa cosa ya es más grande que cualquiera de nosotros, pero confío en que hallarás la forma de <u>extraerlo</u>. Parece que conoces tu <u>oficio</u>.

Alentado por la propuesta de recibir más dinero del que la familia Anning jamás había tenido, Joseph pidió permiso en su trabajo en la cantera para ayudar a Mary. Pero sus manos ya estaban acostumbradas a martillar fuerte y rápido. Sus dedos eran demasiado toscos para sentir las leves impresiones que había en las piedras.

Algunos amigos también querían ayudar y pidieron prestadas herramientas de herreros y picapedreros. Pero sintieron que el trabajo era aburrido.

Pronto, Mary trabajaba sola de nuevo. Estaba atenta a los cambios de la dureza de la piedra. Escuchaba cuando el martillo golpeaba el cincel. Un sonido débil le decía que debía cambiar el ángulo del cincel, o se arriesgaba a quebrar parte de la roca que estaba tratando de salvar.

En un día, por lo general limpiaba un área de la mitad del tamaño de su mano. Pero Mary olvidaba su propio tiempo mientras desprendía millones de años de la tierra.

Ese verano, casi un año después de haber comenzado, Mary trabajó con Joseph y algunos de sus amigos para retirar el fósil de la piedra. Lo cortaron en rebanadas, y lo llevaron sobre unas sábanas hasta un carro tirado por un caballo.

Casi toda la gente del pueblo vino a observar. Los turistas miraban por arriba del hombro de los otros, tanto para ver a Mary, como para ver el fósil.

Lord Henley estrechó la mano de Mary y dijo:

—Nada igual se ha hallado antes en Inglaterra.

—Por lo menos has terminado con eso, Mary —dijo la tía Ruth—. ¿Vas a empezar a vivir una vida normal?

Mary tocó el fósil para juntar coraje, al igual que una vez había tomado la mano de su madre. Había criaturas que nunca nadie imaginó que hubieran existido. Había mundos con los que nadie había soñado.

—Tengo trabajo que hacer —dijo.

Más tarde, Mary observó al caballo tirando del carro que transportaba el fósil, frente a las tiendas de la calle Broad Street. Algún día, quizá fuera a Londres para ver al fósil exhibido en un museo. Compraría un magnífico sombrero para su madre, pero conservaría su sombrero de copa negro. Y regresaría a esta playa a buscar fósiles para escuchar el viento y, sobre todo, para escuchar la voz de su padre diciéndole una y otra vez: *Nunca dejes de buscar, Mary.*[3]

Pensar en voz alta

[3]*Esta historia trata sobre la vida de Mary Anning como coleccionista de fósiles.*

Mary Anning y el dragón de mar

Después de leer

Volver a contar: Haz una lista de los detalles clave que averiguaste sobre Mary y su increíble descubrimiento. Usa tus notas para escribir un artículo de diario que resuma los sucesos de la historia.

Estudiante: Pensar en voz alta

Use la Hoja reproducible número 7, para que los estudiantes elijan párrafos de la historia y comenten sobre qué tratan.

"Esto trata sobre . . ."

Perspectiva cultural

Mary Anning vivía en una pequeña aldea llamada Lyme Regis, sobre la costa de Inglaterra. Las piedras con forma de serpiente que encuentra son fósiles de amonitas, unas criaturas marinas pequeñas y tubulares, con concha. Comente con los estudiantes los aspectos históricos y sociales de esta historia de no ficción de otro tiempo.

Pensar y responder

1. ¿Qué opina la madre de Mary sobre su recolección de fósiles? ¿Cómo lo sabes? *Respuestas posibles: La madre aprueba la búsqueda de fósiles. Lo sé porque ella aprieta la mano de Mary para brindarle apoyo y transmitirle coraje. También muestra su orgullo por Mary cuando Lord Henley va a la casa.* **Inferir**

2. ¿Qué partes de la historia están basadas en hechos? ¿Qué partes son inventadas? *Respuestas posibles: Mary Anning era una persona real que vivía en Lyme Regis. Encontró fósiles y los miembros de su familia la ayudaron. Pero la autora inventó el diálogo y los pensamientos y sentimientos de Mary.* **Género**

3. ¿Por qué crees que la autora finaliza la historia con las palabras del padre de Mary? *Respuestas posibles: Muestra que Mary continuará con sus exploraciones y hará algo que disfruta a pesar de que algunas personas no lo aprueben. Muestra que Mary recuerda la enseñanza de su padre.* **Propósito del autor**

Deseo de oro

un *mito griego*

adaptación de Geraldine McCaughrean

Género: Mito

Estrategia de comprensión: Analizar la estructura del cuento

Pensar en voz alta: Hoja reproducible número 3

Antes de leer

Género: Diga a los estudiantes que leerá en voz alta un mito griego sobre el Rey Midas. Recuérdeles que los personajes de los mitos son seres humanos, dioses, diosas y criaturas imaginarias. Explique que el propósito de algunos mitos es enseñar una lección sobre la conducta. Las personas también creaban mitos para explicar algo del mundo que los rodeaba.

Ampliar el vocabulario: Para que los estudiantes puedan entender mejor la selección, presente las siguientes palabras:

bóveda: cuarto preparado para almacenar dinero y otros valores

inconquistable: que no puede ser vencido

asolado: dañado, destruido

alquimia: capacidad de convertir algo común en algo valioso

Establecer el propósito de lectura : Pida a los estudiantes que presten atención para disfrutar y descubrir de qué manera el Rey Midas actuó tontamente.

Durante la lectura

Use Pensar en voz alta durante la lectura de la historia. Las notas acerca del género y las perspectivas culturales pueden usarse con lecturas posteriores.

Pensar en voz alta

[1]*Noté que el autor usa el contraste en esta parte del cuento. Durante el día, el sol brilla, pero el rey permanece en la oscuridad. De noche, el fuego da calor, pero el rey tiembla de frío. Tal vez el autor está intentando mostrar que como el rey sólo piensa en el oro, se está perdiendo las cosas buenas de la vida.*

Deseo de oro

un mito griego
adaptación de Geraldine McCaughrean

Había una vez un tonto. Por supuesto, hay muchos que son más tontos que uno y ha habido tontos más de una vez. Pero este tonto en particular era un rey y, por lo tanto, su estupidez era importante. Vivía en Grecia, al pie del Monte Olimpo y su nombre era Midas. Sólo pensaba en el oro. Durante todo el día, mientras el sol brillaba, él se encerraba en las bóvedas oscuras a contar su oro. Durante toda la noche, mientras la tenue luz dorada del hogar resplandecía, él temblaba de frío sobre sus libros contables leyendo las palabras para sí:[1]

> Doce lingotes de oro en mis bodegas,
> doce platos de oro sobre mi mesa,
> diez anillos de oro para mi esposa,
> cuatrocientas monedas de oro en mis arcas...

Los centauros, en cambio, sólo valoraban la diversión. Un día (y otros tantos, también) la oscuridad sorprendió a un centauro después de una tarde de aventuras y llegó por error al jardín de Midas.

—Estoy perdido —le dijo al rey.

Midas indicó al centauro el camino correcto hacia Olimpo.

—¡Qué gran amigo! ¡Cuánta amabilidad! —exclamó el centauro, pateando hacia arriba con alegría—. ¿Cómo puedo agradecerte? Te concederé un deseo.

Midas sabía que estos centauros, estos hombres-caballos, pacían en las laderas del Olimpo y obtenían magia de la montaña sagrada. Se le fue el corazón a la boca:

—¿Un deseo? ¿Cualquier cosa? ¡Deseo que todo lo que yo toque se convierta en oro!—. Lo dijo rápido, antes de que el centauro pudiera retirar la oferta.

—Debo advertirte. Algunos han pedido eso antes y. . .

—Tu magia no es lo suficientemente poderosa. ¡Lo sabía!

—Puedo concederlo —dijo el centauro, mientras se sacudía las moscas con su larga cola—, pero te arrepentirás.

—¡No, no lo haré!

El centauro no pronunció ningún hechizo. No escupió ni aplaudió ni cantó. Cuando se alejó trotando hacia el Olimpo, Midas estaba seguro de que nada mágico había sucedido.

—¡Embustero! ¡Fanfarrón! —gritó detrás del galopante hombre-caballo y golpeó la pared del jardín con el puño.

La pared era suave y relumbraba a la luz del sol.

Oro.

Corrió hasta su tesoro y tocó las monedas de latón. Al instante eran doradas, y también las tinajas que contenían las monedas y la puerta del cuarto del tesoro.

Oro.

Midas corrió por el palacio tocando y golpeando todos los taburetes, bancos, mesas y urnas. Todo se convertía en oro. La porcelana y las estatuas, las armas y el carro relucían más exquisitos y preciosos que cualquier otra cosa.

—Cuando avancemos en la batalla —le dijo a su caballo, mientras le acariciaba el anca ancha—, ¡vamos a encandilar a nuestros enemigos, tú y yo!

El caballo no respondió. Permaneció muy callado, muy quieto entre los tirantes del carro: una perfecta estatua de oro. Midas estaba algo asustado, pero después de un momento se encogió de hombros. Era una bella estatua para su palacio de oro. Además, los caballos vivos podían comprarse por docenas si un hombre tenía el oro para comprarlos.

—¡Una banquete! ¡Un festín! ¿Dónde está mi canciller? ¿Dónde está mi cocinero? ¡Inviten a todos! ¡No reparen en gastos! ¡Dejen que el mundo sepa que Midas tiene oro! Midas tiene oro suficiente para comprar cada espada, cada caballo, cada acre de tierra del mundo. ¡Seré inconquistable! ¡Seré venerado! Seré la envidia de todos los hombres, desde el mendigo más pobre hasta el millonario más rico.[2] Yo seré el millonario más rico. Un millonario un millón de veces más rico. Cocinero, ¿dónde estás?

El cocinero entró apurado con el almuerzo del rey. No pudo evitar mirar a su alrededor todos los cambios de la habitación: los ornamentos dorados, los muebles de oro. Midas, impaciente, tomó el pan de la bandeja y lo mordió.

—¿Qué? ¿Qué me estás preparando estos días? ¿Piedras?

El pan resbaló por el piso de oro cuando Midas lo arrojó, indignado. Una rebanada de oro.

¿La comida también? Midas tomó un trago para calmarse.

Al menos, intentó tomar un trago, pero el vino, en cuanto tocó sus labios, se convirtió en oro, en sólido, metálico, rígido oro. Midas se quedó atónito. El cocinero se quedó atónito.

—¡No te quedes ahí parado! Tráeme algo que yo pueda comer.

Y le dio un empujón.

[2] *Creo que esto es importante porque me dice mucho acerca de la personalidad del rey. Lo único que le interesa es conseguir todas las riquezas posibles y despertar los celos de otras personas. Da la impresión de que no valora ningún otro aspecto de su vida.*

Y bueno, hay más cocineros en el mundo para un hombre que tiene cantidades ilimitadas de oro.

Midas se sentó en el piso al lado de la estatua de oro de su cocinero. Sus ropas, una por una, al tocar su piel, se habían ido convirtiendo en oro a su alrededor y de repente se hallaba muy cansado de llevarlas.

No era esto lo que había querido pedirle al centauro... No quería que la comida y las ropas y las personas y los caballos...

Se preguntó: "¿En cuánto tiempo se muere uno de hambre?"

En ese preciso momento, entró la reina y, por delante de ella, la pequeña hija de ambos. Midas intentó advertirle, y detener a la niña que corría hacia él con los brazos abiertos. Pero la niña era demasiado pequeña para comprender. Sus deditos se cerraron alrededor de la mano de Midas y... se endurecieron, se enfriaron y ya no podrían volver a abrirse. Su rostro, sus rasgos y sus ojos, todo en ella eran esferas de oro sin gracia dentro de sus órbitas de oro. La boca de oro paralizada por siempre, medio abierta para hablar.

—¡Oh, Zeus! ¡Oh, dioses! ¡No! ¡No mi hija! ¡No mi niña!

Pasó corriendo por delante de la reina, por delante de los guardias, cargando en sus brazos el peso monstruoso de la pequeña niña de oro que estaba aferrada a él. Salió corriendo de su palacio de oro y de los jardines de oro. Hacía sonar las flores cuando las rozaba a su paso. Corrió a través del césped de oro hasta un bosque que quedó asolado con la maldición de oro. Corrió a través de los huertos hasta que la visión de la fruta lo enloqueció de hambre. Escaló las pendientes rocosas del Olimpo tambaleándose bajo el peso de su hija sin vida.

¿En cuánto tiempo se muere uno de soledad? ¿O de un corazón roto?

—¡Quítenme esta maldición! ¿Porqué me castigan así?

Cuando se quitó los pesados zapatos de oro, el césped de oro le pinchó las plantas de los pies como si fueran agujas.[3]

—¿Maldición? Creí que te estaba concediendo un deseo —dijo una voz conocida—. El centauro salió trotando de una cueva cercana.

—¡Fui un tonto! ¡Ahora lo entiendo! ¿Pero merece un hombre perder a su hija o morir sólo porque es un tonto?

El centauro tomó unas hojitas de césped y las mordisqueó pensativamente.

—Intenté advertirte. Quizás, después de todo, te he hecho un favor, si esto te ha enseñado algo sobre ti mismo . . .

—¡Maravilloso! Moriré sabio, entonces —dijo Midas.

El centauro resopló.

—Sigue mi consejo, ve al río y zambúllete —dijo.

—¿Para *matarme*? —dijo Midas con la voz entrecortada.

—No, tonto. Para *lavarte*.

En la orilla del río, Midas no dudó. Si el agua no se convertía en oro y lo aplastaba, entonces la niña de metal que se aferraba a su mano podría arrastrarlo hacia abajo y ahogarlo. Pero no le importaba. Se arrojó al río y el agua se cerró sobre su cabeza. Cuando salió a la superficie, su hija emergió a su lado, resoplando aterrorizada, sin saber porqué o cómo había aparecido nadando.

—Padre, ¿cómo llegamos hasta aquí?

Juntos llevaron baldes de agua al palacio y los volcaron sobre el cocinero, sobre el caballo, los taburetes, las mesas y las monedas. El color del oro era detestable para Midas y no se sintió contento hasta que hubo deshecho toda la <u>alquimia</u> de su mágico toque de oro.

Nunca más volvió a soñar con el oro, excepto en pesadillas. Nunca más anheló ornamentos de oro, ni montañas de riquezas de oro. ¡No, no! Midas había aprendido la lección, ¿no es verdad?

Ahora, en cambio, pensaba en piedras preciosas.

Después de leer

Volver a contar: Pida a los estudiantes que representen el cuento. Pídales que incluyan una parte para la esposa del rey y muestren su reacción frente a su nuevo toque de oro.

Estudiante: Pensar en voz alta

Use la Hoja reproducible número 3 para que los estudiantes compartan con el resto de la clase algo que hayan podido imaginarse.

"Pude imaginarme . . ."

Perspectiva cultural

El Rey Midas existió; fue soberano de Frigia (actualmente parte de Turquía) en el siglo VIII. También había un río cerca de su reino. Algunas personas creen que este mito fue creado para explicar por qué había laminillas de oro en ese río.

Pensar y responder

1. ¿Crees que el Rey Midas aprendió realmente la lección? ¿Crees que alguna vez pedirá otro deseo? ¿Por qué sí o por qué no? *Respuestas posibles: No aprendió la lección porque la autora dice que ahora sueña con piedras preciosas en lugar de soñar con oro. Sí, creo que la próxima vez pedirá piedras preciosas.* **Analítico**

2. ¿Qué características de la personalidad del Rey Midas nos enseñan cómo no debemos comportarnos? *Respuestas posibles: Codicioso (pasa el tiempo contando dinero y pensando en conseguir más). Arrogante (se niega a escuchar la advertencia del centauro). Precipitado (no analiza las consecuencias de su deseo).* **Género**

3. ¿Por qué será que las personas todavía escuchan mitos como éste? ¿Cuál fue el propósito de la autora? *Respuestas posibles: Los mitos son entretenidos e incluyen criaturas mágicas. Sus enseñanzas todavía son importantes. Este mito nos enseña que la codicia puede ser peligrosa. También nos enseña que una persona no necesita ser rica para ser feliz.* **Propósito del autor**

El caso del fabricante de músculos

tomado de *La Enciclopedia Brown resuelve todos los casos*

Donald J. Sobol

Género: Misterio

Estrategia de comprensión: Hacer inferencias y analizar

Pensar en voz alta: Hoja reproducible número 4

Antes de leer

Género: Diga a los estudiantes que leerá en voz alta un cuento corto que además es un misterio. Explique que un misterio presenta un problema que debe ser resuelto o una pregunta que debe ser respondida.

Ampliar el vocabulario: Para que los estudiantes puedan identificar el problema y entender la solución del misterio, presente las siguientes palabras:

>*combate:* una pelea
>
>*luchar:* enfrentarse con algo o alguien
>
>*tónico:* bebida que se ingiere para mejorar la salud física
>
>*martillo pilón:* un martillo eléctrico que sube y baja reiteradamente

Establecer el propósito de lectura: Pida a los estudiantes que escuchen con atención e identifiquen el problema y la solución.

Durante la lectura

Use En voz alta para leer la historia por primera vez. Las notas acerca del género y las perspectivas culturales pueden usarse con lecturas posteriores.

El caso del fabricante de músculos

tomado de *La Enciclopedia Brown resuelve todos los casos*
Donald J. Sobol

Cadmus Turner se detuvo y observó el gran árbol que estaba afuera de la agencia de detectives Brown. Hizo una mueca de desprecio:

—¡Arrahhrrr! —gruñó.

Se agachó, caminó hacia su izquierda y atacó sin aviso previo. Rodeó el árbol con los brazos y comenzó a forcejear.

Enciclopedia nunca había visto a Cadmus tan deseoso de pelear. Se apresuró a salir a la acera para tener una vista desde el costado del cuadrilátero.

El combate duró un minuto, hasta que a Cadmus se le cayeron los pantalones y soltó el árbol enseguida.

—¡Es un engaño! —gritó—. ¡Me robaron!

—Parecía una pelea justa hasta que tus pantalones te abandonaron —dijo Enciclopedia—. La próxima vez que luches contra la madera, ajústate el cinturón. Sin duda ganarás.

—No puedo ajustarme el cinturón —respondió Cadmus—. Los extremos ya no se tocan. Bebí cuatro botellas de Tónico Fuerza de Hércules. Estoy por explotar.

Enciclopedia miró el estómago de Cadmus. Estaba hinchado como un volcán a punto de entrar en erupción.

—Tendría que haber podido arrancar ese árbol de raíz —dijo Cadmus.

—¿Porque bebiste cuatro botellas de Tónico Fuerza de Hércules? —preguntó Enciclopedia.

—Sí —dijo Cadmus—. Sólo que no funciona. Se supone que tendría que sentirme como Hércules. En cambio, me siento como un cerdo. ¡Y perdí dos dólares!

—Quizá pueda recuperar tu dinero —dijo Enciclopedia—, si puedo probar que el tónico es un fiasco.

—Estás contratado —dijo Cadmus—. Pero gasté todo mi dinero en esas cuatro botellas de agua milagrosa. Tendré que pagarte más adelante.

Enciclopedia aceptó tomar el caso. Considerando la hinchazón del estómago de Cadmus, era más un acto de piedad que una cuestión de negocios.[1]

Los niños fueron en bicicleta hasta un puesto de fruta en desuso sobre la calle Pine Drive. Cadmus había comprado las botellas allí esa mañana.

—Dos niños grandes exponían cajas del tónico —dijo Cadmus—. Me dijeron que si compraba sería su primer cliente y podría llevarme cuatro botellas al precio de dos.

—No pudiste decirle que no a semejante oferta —comentó Enciclopedia comprensivo.

Una gran multitud de niños estaba reunida en el puesto de frutas. Bicho Meany y sus Tigres se habían abierto camino hasta el frente.

Los dos niños grandes estaban por empezar la venta. Enciclopedia reconoció a uno de ellos. Era Wilford Wiggins, un niño que había abandonado la escuela. Wilford tenía más ideas sobre cómo hacerse rico rápidamente que las plumas que hay en una granja de pavos.[2] No conocía al otro niño, un muchacho fornido.

—Es Mike O'Malley —dijo Cadmus— de Homestead.

—Parece salido de Fuerte Apache —dijo Enciclopedia. El traje de Mike, aunque le quedaba bien, estaba tan arrugado que parecía que había estado en una guerra contra los indios.

—Acérquense —gritó Wilford Wiggins, mientras agitaba una botella de Tónico Fuerza de Hércules—. Acérquense.

Su socio, Mike O'Malley, se tiró al piso y comenzó a hacer flexiones de brazos como un <u>martillo pilón</u>.

—¿Pueden creer que Mike pesaba apenas cien libras hace un año? —preguntó Wilford—. Lo llamaban Costillitas.

Mike se puso de pie de un salto, y se quitó la chaqueta y la camisa. Con el pecho al descubierto, mostró sus músculos en todas direcciones.

—En tan sólo un año —gritó Wilford a voz en cuello —, Mike ¡aumentó cien libras de puro músculo! ¿Un milagro, dicen? Sí, eso es el Tónico Fuerza de Hércules: un milagro. El mismo tónico milagroso secreto puede ayudar a cada uno de ustedes aquí presentes a tener un cuerpo fortísimo, —agregó rápidamente al notar la presencia de Cadmus y su estómago— si se ingiere de acuerdo con las indicaciones.

Mike estaba retorciendo los músculos de su pecho enorme. El barco de guerra que tenía tatuado sobre el corazón se movía hacia un lado y hacia otro.

—¿Ven el barco de guerra? —preguntó Wilford—. ¡Vaya! ¡Hace un año no era más que un bote a remos! ¡Ja, ja, ja!

A Bicho Meany no se le movió un pelo ante la broma.

—¿Por qué tienes que vender esta porquería en la calle? —preguntó—. Si es tan buena, podrías venderla en las tiendas.

—Una pregunta justa, amigo —dijo Wilford—. Te daré una respuesta sincera. Necesitamos dinero. Estamos en bancarrota.

Pensar en voz alta

[2] *El autor dice que Wilford siempre tiene muchas ideas sobre "cómo hacerse rico rápidamente". Esto significa que Wilford siempre está pensando en maneras fáciles de hacer dinero. Si todo lo que quiere es ganar dinero, me pregunto si debería creer en todo lo que dice Wilford.*

Wilford levantó la chaqueta arrugada de Mike.

—Observen esta chaqueta —dijo Wilford—. Vieja y raída, ¿no es verdad? Mike la ha usado durante dos años. ¿Por qué? Porque no pensaba en él mismo. Solamente pensaba en el poderoso cuerpo que les daría a todos los pequeños renacuajos flacuchos y pusilánimes de Estado Unidos.

Wilford dejó la chaqueta a un lado. Tomó una botella de Tónico Fuerza de Hércules otra vez.

—Invertimos hasta el último centavo en el desarrollo de este tónico maravilloso —continuó Wilford—. Necesitamos más dinero para llevar el tónico a todas las tiendas del país. ¡Es una cruzada! Por eso, estoy reduciendo el precio. Pueden llevar cuatro botellas —eso es todo lo que necesitan—, por la mitad del precio. ¡Cuatro botellas por dos míseros dólares!

—Creí que me estabas dando a *mí* un precio especial —gritó Cadmus enojado.

—Olvídalo —dijo Enciclopedia—. Mira a Bicho.

El líder de los Tigres miraba con los ojos fuera de las órbita cómo los músculos del brazo de Mike se abultaban más, más y más.

—¿Cómo hay que beber este tónico? —preguntó Bicho con entusiasmo.

—Una cucharadita por día —replicó Wilford —. Cuatro grandes botellas como ésta durarán doce meses. Entonces, ¡tendrás el cuerpo de Mike![3]

—Yo no podía esperar un año —rezongó Cadmus—. Así que bebí una botella tras otra. Quizá funcione si sigues las instrucciones.

—No funciona —dijo Enciclopedia—. Los músculos de Mike y las grandes ofertas de Wilford prueban que es un fiasco. ¿CÓMO LO SUPO ENCICLOPEDIA?

Solución de *El caso del fabricante de músculos*

Wilford Wiggins trató de hacer que los niños creyeran que Mike había aumentado cien libras en un año gracias al Tónico Fuerza de Hércules. También trató de hacerles creer que Mike no había podido comprar un traje porque había puesto todo su dinero en el desarrollo del tónico. Pero la vieja chaqueta "le quedaba bien" a Mike. Si Mike realmente hubiera aumentado cien libras en un año, ¡el traje le habría quedado chico! Cuando Enciclopedia señaló este punto a la multitud de niños, Wilford tuvo que suspender la venta y le devolvió los dos dólares a Cadmus.

Después de leer

Volver a contar: Pida a los estudiantes que vuelvan a contar el misterio. Pídales que agreguen una parte al cuento en la que Enciclopedia explique por qué el tónico era un fiasco y muestre las reacciones de Wilford y Mike ante esta revelación.

Estudiante: Pensar en voz alta

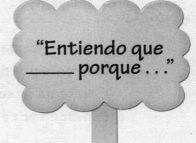

"Entiendo que _____ porque..."

Use la Hoja reproducible número 4 para que los estudiantes compartan lo que hayan observado acerca de la ubicación que el autor le da a las pistas y de la solución del problema.

Pensar y responder

1. ¿Qué lección crees que aprendió Cadmus? *Respuestas posibles: Si algo parece demasiado bueno para ser verdad, probablemente lo sea; si Cadmus quiere músculos, debe trabajar mucho y ejercitarse, no sólo beber un tónico milagroso.* **Analítico**

2. ¿Qué aprendiste al leer este cuento que te ayudará cuando leas otros misterios? *Respuestas posibles: Aprendí a leer con atención y a buscar pistas; pensaré acerca de lo que el autor dice sobre cada personaje; escucharé las palabras de cada personaje y decidiré si él o ella está diciendo la verdad.* **Género**

3. ¿Cuál crees que es el mensaje que el autor quiere compartir con sus lectores? *Acepte respuestas razonables. Respuestas posibles: Tal vez quiere que tengamos más cuidado y comparemos lo que dice la gente con la manera en la que actúa; quiere que dudemos de los productos que parecen demasiado buenos para ser verdad.* **Propósito del autor**

La danza del agua

Thomas Locker

Género: Poema

Elemento poético: Personificación

Estrategia de comprensión: Resumir

Pensar en voz alta: Hoja reproducible número 4

Antes de leer

Género: Diga a los estudiantes que leerán un poema de verso libre. Recuérdeles que el verso libre no tiene un patrón regular de palabras que rimen o de longitud de verso. Sin embargo, los estudiantes pueden hallar otros tipos de patrones en el poema.

Ampliar el vocabulario: Para que los estudiantes puedan capturar la imaginería de este poema, presente las siguientes palabras antes de leer:

caer en cascada: caer con un movimiento revoltoso

serpentear: moverse por un recorrido con muchas curvas

despeñadero: acantilado

empapar: cubrir con o sumergir en agua

Establecer el propósito de lectura : Para la primera lectura, pida a los estudiantes que escuchen con atención para descubrir quién está hablando en el poema, y para disfrutar de las descripciones de las formas que adopta el agua.

Durante la lectura

Enfatice la repetición de los versos en bastardilla, leyéndolos con el mismo tono o expresión. Lea el poema sin interrupciones. Luego, vuelva a leer, haciendo pausas para atraer la atención de los estudiantes hacia Pensar en voz alta y la nota acerca del género.

La danza del agua

Thomas Locker

Algunos dicen que soy una sola cosa.
Otros dicen que soy muchas.
Desde el comienzo del mundo
me he movido en un círculo sin fin.
A veces, caigo del cielo.

Soy la lluvia.

A veces, caigo en cascada.
Caigo revuelta
hacia abajo,
hacia abajo,
sobre las rocas cubiertas de musgos,
y sobre las sombras del bosque.

Soy el arroyo de la montaña.

Al pie de las montañas,
salto de un acantilado.
Yo caigo en espiral
Yo me zambullo.

Soy la cascada.[1]

En las sombras de la montaña,
estoy quieta y soy profunda.
Me lleno
y también me desbordo.

Soy el lago.

Serpenteo por valles amplios,
se unen a mí los arroyos dorados
y se unen a mí los riachuelos.
Cada vez soy más ancho,
soy más amplio y soy más profundo.

Soy el río.

Atravieso una entrada
de altos despeñaderos de piedra.
Dejo la tierra atrás.
La fresca luz de luna plateada
destella y danza
aquí, sobre mis olas.

Pensar en voz alta

[1]*Entiendo que cada estrofa es como un acertijo porque el poeta primero describe una forma de agua y luego revela su nombre en un verso solo.*

Soy el mar.

Me levanta
la tibia luz del sol,
con velos de blanco plateado.
Me levanto en el aire.
Desaparezco.

Soy la neblina.

En miles de formas, reaparezco
alta sobre la tierra en el cielo azul.
Floto.
Voy a la deriva.

Soy las nubes.

Arrastrado por los vientos
de mares lejanos
me muevo,
cada vez más pesado,
cada vez más oscuro,
y siempre regreso.

Soy el frente de tormenta.

En la pared de las montañas,
me levanto. Soy como las torres,
relucientes y poderosas,
en el cielo renegrido.

Soy el cumulonimbus.

Encandilo el cielo con relámpagos.
La tierra tiembla con mis truenos.
Bramo.
Empapo las laderas.

Soy la tormenta.

Las tormentas vienen.
Las tormentas se van.
Soy incontables gotitas de lluvia
que flotan en el aire silencioso.
Reflejo todos los colores del sol.

Soy el arco iris.

Soy una sola cosa.
Soy muchas cosas.

Soy el agua.

Y ésta es mi danza por el mundo.

Establecer el propósito para volver a leer: Vuelva a leer el poema para que los estudiantes puedan seguir el ciclo del agua. Pídales que resuman las maneras en que el poeta describe cada forma de agua.

Estudiante: Pensar en voz alta

Use la Hoja reproducible número 4 para que los estudiantes compartan con el resto de la clase algo que hayan notado sobre la estructura, la elección de palabras o la imaginería del poema.

"Entiendo que ____ porque..."

Perspectiva cultural

El río más largo del mundo es el Nilo de África. Su longitud es de 4,160 millas (6,695 km). La catarata más alta del mundo es el Salto Ángel en Venezuela. Tiene una caída total de 3,212 pies (979 m).

Pensar y responder

1. ¿Qué crees que significan las palabras "Soy una sola cosa/Soy muchas cosas"? *Respuestas posibles: Significan que el agua puede ser sencillamente agua o también puede adoptar diferentes formas. Algunas personas perciben al agua como una cosa, mientras que otras la perciben como muchas cosas.* **Inferir**

2. ¿De qué manera la elección del poeta del pronombre "yo" en el poema afecta la discusión sobre el ciclo del agua? *Respuesta posible: El poema comienza con el agua que cae del cielo como lluvia. La siguiente sección describe diferentes formas de agua sobre el suelo. La última parte muestra al agua regresando al cielo como nubes y tormentas. A lo largo de todo el ciclo del agua, sin embargo, es el agua quien cuenta la historia.* **Elemento poético**

3. ¿Cuál crees que fue el propósito del autor para escribir el poema? *Respuestas posibles: Buscaba entretener e informar.* **Propósito del autor**

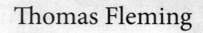

El aviador loco

Thomas Fleming

Género: No ficción

Estrategia de comprensión: Verificar la comprensión

Pensar en voz alta: Hoja reproducible número 3

Antes de leer

Género: Diga a los estudiantes que leerá en voz alta una selección de no ficción. Recuérdeles que el objetivo de este tipo de texto es informar. El autor usa detalles específicos, como hechos y cifras para dar una explicación de fuentes originales sobre el vuelo histórico de Charles Lindbergh de Nueva York a París.

Ampliar el vocabulario: Para que los estudiantes puedan entender este suceso histórico, presente las siguientes palabras y frases:

> *aviador:* piloto, alguien que hace volar aviones
>
> *toneles y rulos:* nombres de movimientos que puede hacer un avión en el aire
>
> *bengala:* dispositivo de emergencia que puede encenderse para hacer señales o atraer la atención
>
> *espejismo:* imagen de algo que en realidad no está allí

Establecer el propósito de lectura: Pida a los estudiantes que escuchen con atención para conocer los emocionantes detalles del vuelo de Lindbergh de Nueva York a París, Francia.

Durante la lectura

Use Pensar en voz alta para leer la historia por primera vez. Las notas acerca del género y las perspectivas culturales pueden usarse con lecturas posteriores.

El aviador loco

Thomas Fleming

En 1927, nadie había volado todavía en avión desde Estados Unidos hasta Europa continental.

El dueño de un hotel de Nueva York ofreció un premio de $25,000 al primer aviador que volara sin escalas sobre el Atlántico entre Nueva York y París.

Entre los competidores estaba el Almirante Richard Byrd, que había sobrevolado el Polo Norte con una tripulación de tres hombres, en un trimotor que costaba $100,000. Dos ases franceses de la Primera Guerra Mundial, Charles Nungesser y François Coli, estaban planeando volar desde París. También participaron Clarence Chamberlin y su copiloto, que habían batido el récord mundial de permanencia, al mantenerse en el aire por 51 horas. Otros dos hombres estaban poniendo a punto un avión con el respaldo de la Legión Americana.

Y estaba Charles A. Lindbergh, un piloto de 25 años del correo aéreo de Minnesota. Planeaba volar las 3,636 millas solo, en un monomotor llamado *Spirit of St. Louis*. Los diarios lo apodaron "El aviador loco". ¿Cómo podría competir?

Un desfile de fracasos

Lindbergh ya tenía fama de piloto osado. Había realizado unos toneles y rulos espeluznantes en ferias del condado. Había trabajado en el correo aéreo entre Chicago y St. Louis en toda clase de climas. Pero ésta iba a ser su hazaña más peligrosa hasta el momento.

Para lograrla, Lindbergh decidió que el avión tenía que ser muy liviano. Supervisó la construcción en San Diego, California. Se deshizo del parabrisas y colocó dos tanques de combustible en la nariz. Redujo su equipo al mínimo: una balsa de goma de 10 libras, un cuchillo, algunas bengalas, una linterna, una línea de pesca y anzuelo, algunas raciones de chocolate. Lo más importante que llevaría el avión, además del piloto de 170 libras, eran 451 galones de gasolina.

En abril de 1927, el trimotor del Almirante Byrd se estrelló durante un vuelo de prueba. El avión de la Legión Americana también se estrelló en un despegue, y los dos pilotos murieron.

El tren de aterrizaje del avión de Chamberlin se cayó, y la nariz de la nave chocó contra el suelo durante un vuelo de prueba. Con el combustible necesario para un vuelo transatlántico, estos aviones eran demasiado pesados.

Mientras Lindbergh preparaba su vuelo de San Diego a Nueva York en el *Spirit of St. Louis*, Nungesser y Coli despegaron de París. Antes de aterrizar en Nueva York, Lindbergh se enteró de que los dos franceses se habían perdido en algún lugar del Atlántico.[1]

Lejos, lejos, muy lejos

Las tormentas que azotaban el Atlántico retrasaron a Lindbergh por casi dos semanas. Esto les dio tiempo a Byrd y Chamberlin para reparar sus aviones. ¿Despegarían cuando aclarara? Nadie estaba seguro de qué ocurriría más adelante.

El jueves 19 de mayo, el servicio meteorológico informó que estaba aclarando sobre el océano, pero que la lluvia y el viento continuarían sobre Nueva York. Lindbergh se fue a dormir a un hotel de Long Island, cerca de donde esperaba su avión. No podía dormir. A las 2:30 a.m., bajo la lluvia, fue hasta el aeródromo, donde lo esperaba una multitud.

El entusiasmo crecía mientras los mecánicos remolcaban el avión hasta el cercano Aeródromo Roosevelt, que tenía una pista más larga. "Parecía más un cortejo fúnebre que el inicio de un vuelo a París", recordaría luego Lindbergh.

Se sentó en el avión tratando de decidir si debía despegar o no, mientras la lluvia caía a su alrededor. Al amanecer, después de leer más informes meteorológicos, partió. Ahora venía el verdadero suspenso. ¿Podría el *Spirit of St. Louis* despegar, cargado con 451 galones de gasolina?[2]

Lindbergh nunca había volado con tanto combustible. En la mitad de la pista, todavía no sabía si el avión despegaría. Tenía segundos para decidir. Una decisión errada significaría estrellarse y, quizás, incendiarse.

Tiró de la palanca de mando con firmeza. Las ruedas se separaron del suelo. Y volvieron a tocar tierra. Estaba casi a velocidad de vuelo. Era demasiado tarde para detenerse. Había una telaraña de cables telefónicos sobre unos postes que estaban al final de la pista. Tenía que sobrevolarlos.

Atravesó un charco que había en la pista, salpicando agua sobre el avión, que se levantó otra vez, y volvió a caer con el ala izquierda más abajo. Una vez más despegó, y una vez más dejó que las ruedas tocaran el suelo. "Una pequeña reverencia a la tierra, un gesto de humildad", lo llamó.

Pensar en voz alta

[1]*Esta sección trata sobre tragedias ocurridas a los otros pilotos. Creo que Lindbergh era muy valiente. Debe haberse sentido menos confiado de su posibilidad de éxito después de oír acerca de los fracasos de los otros pilotos.*

Pensar en voz alta

[2]*Puedo imaginarme a Lindbergh sentado en su avión bajo la lluvia. Puedo imaginarme la multitud de personas en el aeródromo, esperando ver si despegaría o no. Creo que estaban ansiosos y entusiasmados.*

En el intento siguiente, el *Spirit of St. Louis* se mantuvo en el aire y voló a 20 pies sobre las líneas telefónicas. El aviador loco estaba camino a París.

¿Puede mantenerse despierto?

Cuando Lindbergh despegó, no había dormido por 24 horas. Muchas personas dudaban que pudiera mantenerse despierto durante su vuelo solitario, que podría llevarle unas 36 horas. El mundo entero lo estaba observando. Los barcos informaron que lo vieron pasar por Cabo Cod hacia Nueva Escocia. Volaba bajo, a veces apenas 10 pies sobre el agua, para ahorrar gasolina y mantener la mente alerta.

Nueva Escocia era la primera prueba de su navegación. A Lindbergh le tranquilizó saber que sólo estaba seis millas fuera de su curso. Pero después de ocho horas, comenzó a sentir los ojos "secos y duros como piedras". Hacía fuerza para abrirlos y después los cerraba fuerte una y otra vez.

Se hizo de noche mientras sobrevolaba Terranova. Debajo de él, aparecieron docenas de fantasmales témpanos blancos. Lindbergh tenía ahora viento de cola, y podría aumentar la velocidad. Tenía gasolina suficiente. Decidió trepar a 10,000 pies. De pronto, encontró unas enormes nubes amenazantes. Hacía mucho frío en la cabina. Sacó la mano por la ventanilla. El aguanieve le aguijoneaba la piel. Tomó una linterna y vio que estaba formándose hielo en uno de los montantes del ala. Si se formaba hielo sobre el ala, estaba acabado.

El viento azotaba al avión. Las dos brújulas de las que dependía dejaron de funcionar. Hubo una ráfaga feroz. Las nubes se abrieron abruptamente y adelante, en las alturas, Lindbergh vio la luz de la luna. A mitad del vuelo, el hielo de los montantes se esfumó. Las brújulas volvieron a funcionar.

Después de 17 horas, a Lindbergh le dolía el cuerpo y le ardía la cara. Estaba desesperado de sueño. Bajaba en picada para que el rocío de las crestas de las olas lo salpicara. En otro momento, dejó que una lluvia liviana entrara en la cabina para no dormirse. Una vez, miró hacia abajo y vio todo un continente más allá de su ala izquierda: un espejismo.

En eso, vio barcos pesqueros. Un hombre que lo miraba. Lindbergh bajó en espiral y gritó:

—¿Hacia dónde está Irlanda?

Sin respuesta, siguió volando. Comenzó a ver gaviotas. Vislumbraba más tierra adelante. ¡Era Irlanda! ¡Estaba sólo tres millas fuera de su curso!

Estudio de géneros

No ficción: El autor usó entrevistas y artículos de periódicos viejos en los que Lindbergh describe el famoso vuelo con sus propias palabras. Usa comillas para mostrar que se trata de las verdaderas palabras de Lindbergh.

Próxima parada, París

La necesidad de Lindbergh de dormir se desvaneció. La esperanza invadía todo su cuerpo. Minutos después, el motor del *Spirit of St. Louis* empezó a toser copiosamente. Lindbergh se preparó para un aterrizaje forzoso.

Entonces, se dio cuenta de que uno de los tanques de combustible de la nariz se había vaciado. Había olvidado habilitar el tanque de reserva. Accionó la válvula y el motor recuperó su ritmo regular.

El sol se ponía. Lindbergh cruzaba el Canal de la Mancha y entraba a Francia. Ya había volado 3,500 millas y batido el récord mundial de distancia. Por primera vez sentía hambre. Mordió uno de los cinco sandwiches que un amigo le había dado. Apenas podía tragar. Estaba a punto de colapsar.

Cuando se acercaba a París, ascendió a 4,000 pies. Giró sobre la Torre Eiffel iluminada y, después de una momentánea desorientación, encontró el Aeropuerto Le Bourget. Se ajustó el cinturón de seguridad, e hizo un aterrizaje perfecto en el medio de la pista. Eran las 10:24 p.m., hora de París, 33$\frac{1}{2}$ horas después de que despegara de Nueva York.

Segundos después, los periodistas informaron la noticia en todo el mundo. En Estados Unidos, la gente salió a la calle a festejar. En el aeropuerto, 150,000 hombres y mujeres franceses, muy entusiasmados, estaban esperando a Lindbergh. Cuando apagó el motor, voltearon las cercas y pasaron como una tromba frente a los policías para saludarlo. Lo sacaron del avión y lo llevaron en andas. Algunos arrancaron pedazos del avión como recuerdo.

Aviadores militares franceses lo rescataron de la multitud. Lo llevaron a la casa del embajador estadounidense en París. Comió, habló brevemente con los periodistas y pidió permiso para ir a dormir. Eran las 4:30 a.m. Llevaba 63 horas despierto.

A la 1 p.m. del día siguiente, el ex "aviador loco" despertó. Era el hombre más famoso del mundo. Calvin Coolidge, el presidente de Estados Unidos, lo había felicitado por cable. El Príncipe de Gales le había enviado un "bien hecho". Los periódicos de Roma, Bombay y Shanghai lo llamaban héroe. Veinticinco operadores de películas y 50 fotógrafos querían sus imágenes. Doscientos periodistas rogaban por una entrevista.

Antes que nada, Lindbergh llamó a su madre, Evangeline, en Detroit. Le dijo que el viaje había sido "maravilloso" y que se sentía bien. Ella le dijo que descansara porque había estado bajo "mucha presión".[3]

Tomar notas: Pida a los estudiantes que trabajen en grupos pequeños para recordar detalles de la historia. Pídales que hagan el guión de una transmisión de radio que describa el vuelo histórico de Lindbergh del principio al fin. Recuérdeles que incluyan detalles descriptivos, para que sus oyentes puedan visualizar las diferentes cosas que sucedieron en el viaje.

Estudiante: Pensar en voz alta

Use la Hoja reproducible número 3, para que los estudiantes comenten un detalle del vuelo que hayan podido imaginarse.

"Pude imaginarme . . ."

Perspectiva cultural

Lindbergh regresó a Estados Unidos en el *USS Memphis*, como parte de un convoy de barcos y aviones de guerra. Cuatro millones de personas cubrieron las calles de Nueva York en una manifestación en su honor. El presidente Calvin Coolidge le entregó la Medalla de Honor del Congreso, la distinción más importante del país. Pida a los estudiantes que comenten los aspectos históricos, sociales y culturales de este artículo de no ficción.

Pensar y responder

1. ¿Por qué llamaban "El aviador loco" a Charles Lindbergh? ¿Crees que lo seguían llamando así después del vuelo? *Respuestas posibles: Lo llamaban loco porque era muy joven, tenía muy poca experiencia de vuelo y estaba haciendo el viaje solo. No, no creo que lo llamaran así después del vuelo. El autor llama a Lindbergh el ex "aviador loco" y lo trata como a un héroe.* **Analítico**

2. Identifica algunos hechos específicos acerca del vuelo de Lindbergh sobre el Atlántico. ¿Qué contribuye a la historia este tipo de información? *Respuestas posibles: El escritor incluye hechos y cifras sobre el aterrizaje de Lindbergh en París. Los detalles específicos sobre su altitud, la hora a la que aterrizó y la cantidad de horas que voló son hechos que ofrecen a los lectores más información sobre este suceso.* **Estructura del texto**

3. ¿Por qué esta historia de no ficción es interesante para leer? ¿Qué quiere el autor que conozcan los lectores sobre la personalidad de Lindbergh? *Respuesta posible: Trata sobre un hombre al que llaman loco, pero que termina logrando algo increíble. Los lectores descubren que Lindbergh era muy osado y valiente. También descubren que era humilde y amable.* **Propósito del autor**

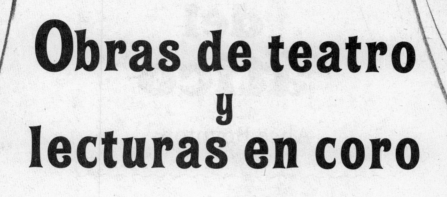

Obras de teatro y lecturas en coro

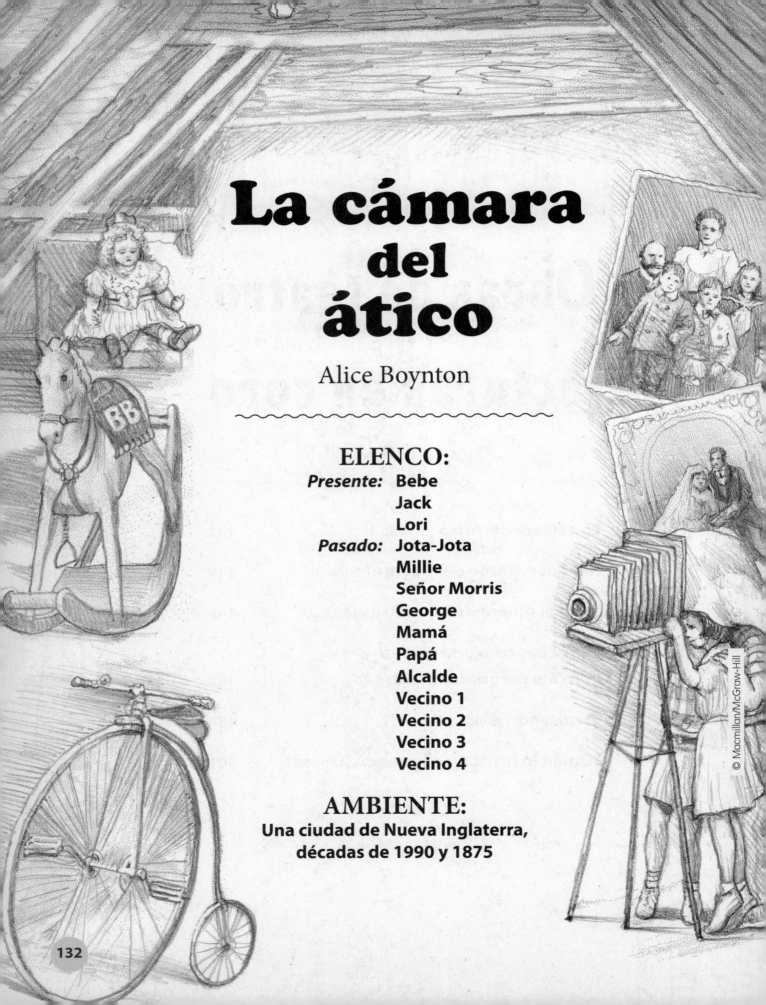

La cámara del ático

Alice Boynton

ELENCO:

Presente: **Bebe**
Jack
Lori
Pasado: **Jota-Jota**
Millie
Señor Morris
George
Mamá
Papá
Alcalde
Vecino 1
Vecino 2
Vecino 3
Vecino 4

AMBIENTE:
Una ciudad de Nueva Inglaterra,
décadas de 1990 y 1875

© Macmillan/McGraw-Hill

Bebe: —¡Qué manera espantosa de pasar el 4 de julio! Quedarnos así, sentados en el ático de la abuela, no es precisamente mi idea de diversión.

Jack: —Sí. ¿Por qué tenía que llover justo hoy?

Lori: —Bueno, es horrible que el tiempo no nos ayude para nada. Pero tal vez haya algo nuevo aquí arriba, es decir, algo viejo que sea nuevo.

Jack: —¡Ay, Lori! Hemos estado aquí tantas veces. No puedo creer que haya algo que no hayamos visto. Aquí está la muñeca de la abuela de cuando ella era pequeña y los zapatos altos abotonados de la bisabuela. Aquí está el caballito mecedor de nuestra tatarabuela y... ¡Eh! Miren esto. El caballo tiene unas iniciales. Nunca antes me había dado cuenta.

Bebe: —¿En serio? ¿Qué iniciales?

Lori: —"B.B." ¿Crees que te pusieron el nombre en honor a un caballito mecedor, Beba?

Bebe: —Muy graciosa. Esas deben haber sido las iniciales de nuestra tatarabuela: "B. B."

Jack: —¡Vaya! Me pregunto si su primer nombre fue Bárbara. Como el de la abuela.

Lori: —Tal vez. Quizá a la abuela le pusieron su nombre. ¿Ven? Hay cosas aquí arriba que nunca vimos.

Jack: —Supongo que puede ser... Este ático está tan abarrotado de cosas que supongo que es posible.

Bebe: —¿Cuántos años tiene esta casa?

Lori: —La abuela dice que es una de las casas más viejas de Johnsbury. Ha estado en pie por cinco generaciones.

Bebe: —¿Será que fue construida cuando nuestros tatara-tatarabuelos estaban vivos?

Jack: —¡Guau! ¡Vaya que es vieja!

Bebe: —Eso quiere decir que tiene más de cien años. ¿No es así?

Jack: —No sé. Tú eres el as de las matemáticas, Bebe. Si tú lo dices, para mí está bien. ¡Eh, Lori! ¿Qué estás haciendo?

Lori: —Estoy revisando esta cosa del rincón. Está sobre una especie de trípode de madera.

Jack: —Parece una cámara vieja, muy vieja. Es de esa clase en la que había que meterse debajo de una capucha para sacar la foto.

Bebe: —¡Armémosla! Quizá todavía funcione.

Jack: —¿Ese vejestorio? ¡Imposible! Esas cámaras ni siquiera usaban rollo. Usaban unas placas de vidrio y sustancias químicas que grababan la foto. El revelado de la foto era muy complicado. No hay forma de que puedas usarla.

Bebe: —¿Cómo es que de repente sabes tanto sobre fotografía?

Jack: —Bueno, a lo mejor alguno de nuestros antepasados fue un fotógrafo famoso y lo llevo en los genes ... ¿Dónde se metió Lori ahora?

Lori: —Estoy aquí, debajo de la capucha de esta cámara. Esto es extraño. No lo entiendo.

Jack: —¿Qué quieres decir?

Lori: —Observa tú mismo.

Bebe: —¡Muévanse, háganme lugar!

Lori: —¿Ven lo que quiero decir? Cuando miras a través del visor, ves algo. Pero no es el ático. ¡Es una casa!

Bebe: —Síííí ... y me es familiar, además. De hecho, si los dos árboles del frente no fueran tan pequeños y si hubiera setos a los costados, diría que es esta casa.

Jack: —¡Eh! ¿No tienen la sensación de que estamos moviéndonos?

Bebe: —¡Sí! Nos estamos metiendo en la foto.

Lori: —¡Aaahhh! ¡Sujétense!

Bebe: —¿Qué pasó? Ya no estamos en el ático. ¡Estamos afuera! ¿Qué sucede?

Lori: —¡Miren eso! Es la casa de la abuela.

Jack: —No, no lo es. Es la casa que vimos en la cámara. Estamos en el jardín y aquí está la cámara del ático de la abuela.

Jota-Jota: —Es verdad. Así es.

Lori: —¿Quién eres?

Jack: —¿Cómo llegó este hombre aquí? Parece salido del siglo pasado.

Bebe: —¿Dónde estamos? ¿De dónde viniste?

Jota-Jota: —¡Esperen! Mi nombre es Jota-Jota y vivo aquí. He estado esperando una visita de ustedes. ¡Bienvenidos, al fin!

Lori: —¿Quieres decir que estabas esperándonos?

Jota-Jota: —En cierto modo. Esperaba que mirasen dentro de la cámara. Hay un mundo entero para descubrir detrás de las lentes.

Jack: —¿Qué mundo?

Jota-Jota: —Toda la historia de ustedes, se podría decir. Y ahora están aquí, justo en el medio de ella.

Millie: —Jota-Jota, el señor Morris, el vendedor de hielo, está aquí. Mamá lo esperaba.

Lori: —¡Espera un minuto! ¿De dónde saliste?

Millie: —Estaba allí enfrente con la yegua del señor Morris. Me gusta darle a Elsie un terrón de azúcar cuando el señor Morris viene con el hielo. Es una yegua muy bonita, y el señor Morris es muy agradable. A veces, hasta me deja ayudarle a manejar el carro del hielo.

Bebe: —¡Lori! ¡Jack! No está bromeando. Hay un caballo del otro lado de la calle... y un carro repleto de bloques de hielo.

Lori: —No entiendo nada. ¿Quiénes son todas estas personas?

Jack: —¿Y dónde estamos?

Bebe: —No sé. Es extraño, pero es divertido. ¿Quién es éste?

Señor Morris: —Buenos días, muchachos. ¿Tienes suficiente lugar para todo este hielo, Jota-Jota? Tu mamá me pidió un bloque de sesenta libras.

Millie: —Necesitamos más para el helado, señor Morris. Voy a ayudar a mamá a prepararlo. Me ofrecí a girar la manivela de nuestro flamante congelador para helado. Lo compramos justo a tiempo para la celebración.

© Macmillan/McGraw-Hill

Bebe: —¿Qué celebración?

Señor Morris: —¡El 4 de julio, por supuesto!

Millie: —Organizamos un picnic familiar. Por eso, Jota-Jota está montando su cámara. Va a tomar una foto de todos delante de la casa.

Jack: —Soy un buen fotógrafo, Jota-Jota. Quizá pueda ayudarte.

Jota-Jota: —¡Así me gusta, Jack! Veo que ya te estás dejando llevar.

Jack: —Pero todavía no entiendo.

Jota-Jota: —¡Lo harás!

Señor Morris: —Será mejor que llevemos este hielo a la nevera. Está comenzando a derretirse.

Lori: —¿Qué es una nevera?

Millie: —¿Qué es una nevera? Bueno, es algo así como una caja alta, de madera, que tiene dos compartimentos. Colocas la comida en el de abajo y el hielo, en el de arriba. El hielo mantiene fría la comida. Incluso, evita que la leche se ponga agria por dos días. ¿No tienes una nevera?

Lori: —No, nosotros tenemos un refrigerador.

Millie: —¿Qué es un refrigerador?

Lori: —Bueno, es algo así como una caja que también mantiene fría la comida. La mayoría de los refrigeradores tienen una parte tan fría que puedes hacer hielo.

Señor Morris: —Bueno. ¡No tenemos eso aquí, gracias a Dios! Perdería mi negocio. Mejor me pongo en marcha. Parece que todos quieren hielo hoy en Johnsbury.

Lori: —¿Johnsbury? ¿Escucharon eso? ¡Todavía estamos en Johnsbury!

Señor Morris: —Y no hay mejor lugar para estar el 4 de julio de 1875 ¡o en cualquier otro momento!

Jack: —¿Dijo usted 1875?

Señor Morris: —Pero, claro. ¿No sabes qué año es, jovencito? ¿Pero a qué escuela vas?

Jack: —Voy a la escuela aquí, en Johnsbury. Estoy en cuarto grado de la Escuela Intermedia Thomas Alva Edison, en la calle del Herrero.

Señor Morris: —Nunca la escuché mencionar. Lo único que hay en la calle del Herrero es la tienda del herrero.

Lori: —¿Escuchaste eso? Jack, ¿viste los postes de hierro que están frente a la tienda de videos en la calle del Herrero? Deben haber sido los que usaban los clientes del herrero.

Señor Morris: —Bueno, adiós a todos. Los veré esta noche en el espectáculo de fuegos artificiales.

George: —¡Jota-Jota! No vas a creer lo que acabo de averiguar.

Millie: —Habla más despacio, George. Recupera el aliento.

George: —Acabo de escuchar la noticia en la confitería Wilkins e Hijos y corrí sin parar hasta aquí.

Jota-Jota: —¡Debe ser una gran noticia, George! ¿De qué se trata?

George: —Vienen las quebrantahuesos. ¡Llegarán en cualquier momento.

Jack: —¿Quebrantahuesos? ¡Oh oh! Salgamos de aquí.

Jota-Jota: —No, no, quédate y observa. Es divertido.

Lori: —¿Sí? ¿Quiénes son? ¿Un nuevo grupo de rock?

George: —¿Dijiste rock? No, no... No son para juntar rocas. Son para montar. ¡Mamá! ¡Papá! Salgan, rápido. Llegan las quebrantahuesos.

Mamá: —¡Aquí están!

Papá: —¿Ya se ven?

George: —Apenas las distingo. Deben ser al menos diez.

Lori: —Oh, Jack, ¡es un club de bicicletas!

Jack: —¡Guau! Debe ser muy difícil montar esas bicicletas. La rueda delantera es tan grande y la trasera tan pequeña.

Bebe: —¿Por qué se llaman así, Jota-Jota?

Jota-Jota: —¿Ves que el asiento del ciclista está justo sobre la gran rueda delantera? Bueno, viajar ahí arriba hace que se sientan mucho los desniveles porque las ruedas son de hierro. Dan la sensación de que sacuden todos los huesos de tu cuerpo. Por eso, esas bicicletas se llaman quebrantahuesos.

Bebe: —¡Es divertido! ¡Puff! Hay tanta polvareda que casi no puedo ver.

Papá: —Tienes mucha razón acerca de esa polvareda, jovencita. Y por eso, exactamente, es que algunos de los que vivimos en la ciudad creemos que la calle Principal debe ser empedrada.

Lori: —¿Empedrada con qué?

Papá: —Bueno . . . Con adoquines, claro.

Mamá: —Bueno, bueno, querido. Sabes que algunos de nosotros creemos que la ciudad necesita una biblioteca antes que los adoquines.

Papá: —La biblioteca puede esperar.

Mamá: —¡Tonterías! Hablémoslo luego, ¿sí? Ustedes, jóvenes, beban un poco de limonada rica y fría. Les limpiará el polvo de la garganta.

Bebe: —Gracias. Eso sería maravilloso.

Mamá: —Millie, rompe un poco de hielo. Aquí tienes el punzón. Ten cuidado. George, necesito más carbón para la estufa. Todavía hay mucho que cocinar para el picnic.

George: —Sí, mamá.

Mamá: —Jota-Jota, por favor, bombea un poco de agua y colócala sobre la estufa para que hierva. Tu amigo puede ayudarte. Asegúrate de que haya agua suficiente para llenar las jarras de todas las habitaciones. Quisiera que desaparezca todo este polvo.

Jota-Jota: —Vamos, Jack. Te mostraré dónde está la bomba.

Lori: —¡Caramba, Bebe! ¿Escuchaste eso? Cuánto trabajo para lavarte la cara y las manos.

Bebe: —Ahora me doy cuenta cuán afortunados somos. Simplemente giramos el grifo y tenemos toda el agua caliente y fría que queremos.

Mamá: —¿Qué están diciendo, niñas?

Lori: —Eh... sólo decíamos que ésta es una hermosa cocina, señora. Vi una foto de una cocina muy parecida a ésta en un museo... eh... quiero decir en un libro.

Papá: —Sin duda la viste en el último número del Catálogo de Cocinas. Éste es un nuevo tipo de fregadero, recién salido del catálogo. ¿No es una belleza?

Millie: —Es de hierro. Si te olvidas de secarlo después de usarlo, se oxida.

Papá: —Gracias, Millie. Como decía, esta estufa es muy novedosa. Quema carbón, además de madera, y tiene un horno muy bueno. ¿No es verdad, querida?

Mamá: —Sí, es cierto.

Papá: —Realmente hay muchos inventos nuevos en estos días. Esta cocina es la última novedad.

Mamá: —Ojalá que uno de estos días, cuando me levante por la mañana, encuentre que algún invento nuevo lavó todos los platos, y fregó y secó toda la ropa.

Lori: —Yo no me sorprendería en lo más mínimo, señora.

Alcalde: —Discúlpenme, amigos, golpeé la puerta, pero supongo que no me escucharon.

Papá: —Lo siento, señor Alcalde. Pase, pase. Tome asiento, por favor

Alcalde: —No le diré que no. ¡Estoy exhausto! He estado fuera toda la mañana contándoles a las personas sobre las festividades de hoy.

Bebe: —Discúlpeme, señor. ¿Por qué no les llamó por teléfono?

Alcalde: —Tele ¿qué?

Bebe: —Teléfono.

La cámara del ático 141

Alcalde: —Nunca escuché hablar de eso. En fin, nos encontraremos en el parque central en unos minutos. Después, esta noche, lanzaremos los fuegos artificiales en el gran parque de la calle del Estanque de Patos.

Lori: —¿Escuchaste eso, Bebe? Mi maestra de piano vive en la calle del Estanque de Patos, justo enfrente del Centro Comercial Livingston.

Papá: —Debes estar equivocada, jovencita. Conozco a todos en la ciudad. No hay nadie llamado Centro Comercial Livingston, y nadie vive en la calle del Estanque de Patos, excepto los patos, por supuesto.

Mamá: —Pero es la calle más importante para entrar y salir de la ciudad. A algunos de nosotros nos daría mucha felicidad ver una biblioteca construida justo ahí, donde la calle del Estanque de Patos se cruza con la calle Principal.

Alcalde: —¡Ejem! Bueno... eh, creo que mejor nos vamos. Están invitados a ir conmigo. Mi caballo y mi carruaje están en el frente. Estoy seguro de que a los más jóvenes no les importará ir caminando.

Papá: —Gracias, señor Alcalde. De prisa, todos. No nos retrasemos.

Alcalde: —Saludos a todos... no, no... Buenas tardes, distinguidos ciudadanos... no, no, no... Les doy la bienvenida a...

Mamá: —¿Qué está diciendo, señor Alcalde?

Alcalde: —Nada, nada. Sólo pensaba en mi discurso.

Papá: —Bueno, espero que lo tenga listo porque ya llegamos, estamos en el parque central.

Todos: —¡Hurra! ¡Hurra!

Vecino 1: —¡Viva el Alcalde!

Vecino 2: —Espero que el discurso no sea muy largo.

Alcalde: —¡Buenas tardes a todo el pueblo de Johnsbury en este glorioso 4 de julio! Noventa y nueve años atrás, los Estados Unidos se liberaron e independizaron. Hoy, todavía estamos creciendo ¡con treinta y siete estados de la Unión! Me enorgullece decir que Johnsbury está creciendo a la par del resto del país.

Todos: —¡Hip, hip, hurra!

Alcalde: —Durante los últimos años, hemos visto la inauguración de la fábrica de zapatos y de un hermoso emporio con mercaderías de tierras lejanas. Nuestro periódico se publica todas las semanas. No sólo eso, de tener una sola hoja, ha pasado a cuatro hojas completas. Asimismo, les anuncio que el próximo año, veremos lámparas de gas a lo largo de la calle Principal.

Todos: —¡Hurra, hurra!

Señor Morris: —Pero ¿cuándo vamos a empedrar la calle Principal? Mis huesos ya no aguantan ese camino rocoso. Hasta mi yegua se queja.

Vecino 3: —¡Bien dicho! La calle Principal es la más importante. Pero cuando llueve, deberíamos llamarla calle Barro Hasta la Rodilla. ¡Eso perjudica nuestros negocios!

Mamá: —Muchos de nosotros sentimos que es más importante construir una biblioteca pública. Si queremos que nuestros hijos estén preparados para ser buenos ciudadanos,

La cámara del ático **143**

deben estar bien educados. Y para eso, deben tener libros.

Vecino 4: —Con respeto, señora, debemos empedrar la calle Principal antes de construir una biblioteca pública. Son adoquines y no libros lo que necesitamos en Johnsbury.

Alcalde: —Bueno, tal vez éste no sea el momento de...

Vecino l: —Escuchen, Hillsdale no es tan grande como Johnsbury y ellos ya han preparado el terreno para su biblioteca pública. ¿Queremos quedarnos atrás de Hillsdale?

Jota-Jota: —¿Y queremos viajar quince millas hasta Hillsdale cada vez que necesitemos un libro?

Todos: —¡No, no! ¡Claro que no!

Papá: —Pero el hecho es que la ciudad no tiene el dinero para construir una biblioteca, comprar libros y empedrar la calle Principal. Debemos elegir.

Vecino 2: —Bueno, hablando de dinero, no todos pueden darse el lujo de comprar libros todo el tiempo. Pero con una biblioteca pública, ¡todos podremos leer!

Millie: —¡Es verdad! Podría pedir prestado el nuevo libro de Louise May Alcott, se llama *Ocho primos*. No tendría que ahorrar y ahorrar para comprarlo.

Lori: —Eh, Millie, ¿leíste *Mujercitas*? ¿No te encantó? Especialmente la parte en que...

Alcalde: —¡Niñas, niñas, silencio, por favor!

Señor Morris: —¡Señor Alcalde, señor Alcalde! ¡Deténgase! El señor Jackson, de la oficina de telégrafos, acaba de recibir este telegrama para usted. Es urgente. Aquí lo tiene, señor.

Alcalde: —Discúlpenme un minuto, señores. Veamos qué dice... ¡Por Dios!

Vecino 4: —¿Qué dice, señor Alcalde? Léalo en voz alta.

Alcalde: —Es de parte del abogado del juez Jenkins. ¿Recuerdan al juez Jenkins? Falleció hace cerca de un mes. Bueno, su abogado dice que, según su testamento, el juez dejó su colección entera de dos mil libros a la ciudad de Johnsbury.

Todos: —¡Oh-h-h-h!

George: —¡Es maravilloso!

Vecino 3: —¡Dos mil libros!

Alcalde: —Dice aquí que el señor Jenkins le dejó los libros a Johnsbury en agradecimiento porque los maestros aquí eran tan buenos que él aprendió a escribir, a pesar de que podía acudir a clase unos pocos meses por año.

Mamá: —Es cierto. Tenía que ayudar en la cosecha, en la granja de su familia. ¡Pero llegó a convertirse en juez!

Señor Morris: —Entonces, supongo que esto resuelve el dilema. Tenemos que construir una biblioteca para albergar todos los libros que el juez nos dejó.

George: —¡La llamaremos Biblioteca Jenkins!

Vecino 4: —Y el dinero que ahorremos por no tener que comprar libros ¡puede usarse para empedrar la calle Principal!

Todos: —¡Sí! ¡Hurra!

Alcalde: —Parece un buen plan. Haremos una votación durante el próximo concejo municipal de vecinos. ¡Qué 4 de julio que vamos a tener!

Jota-Jota: —Y ya verán el próximo 4 de julio. El presidente Ulysses S. Grant anunció ayer, que se realizará una Exposición del Centenario en Filadelfia en 1876 para celebrar el centésimo aniversario de Estados Unidos. ¿No será grandioso?

Alcalde: —¡Viva la bandera!

Todos: —¡Hip, hip, hurra!

Alcalde: —Eso es todo por ahora, vecinos de Johnsbury. Espero verlos a todos en los fuegos artificiales esta noche.

Mamá: —Millie, George, Jota-Jota, por favor, recojan sus cosas. Es hora de regresar a casa.

Señor Morris: —Discúlpeme, señora, ¿le importaría que los visitara más tarde? Mi sobrina está de visita. Está estudiando para ser bibliotecaria y, dado su interés en la biblioteca y todo ese asunto, pensé que quizá le gustaría conocerla. Allí está hablando con el Alcalde. Su nombre es Bárbara Blake.

Mamá: —Nos encantará conocer a su sobrina. Jota-Jota, ¿por qué no te acercas a la señorita Blake y la saludas de nuestra parte?

Jota-Jota: —Está bien, madre. Estaré en casa en unos minutos. Quiero tomar esa foto antes de que anochezca.

Papá: —Bueno. Haré que todos posen para ti.

Jack: —¡Vaya! ¡Qué día!

Lori: —¡Ha sido maravilloso! ¿Pero alguno pensó en cómo vamos a regresar a casa para nuestra propia celebración del 4 de julio?

Bebe: —Tal vez tengamos que hablar con Jota-Jota acerca de eso.

Jack: —Aquí viene. ¿Sabes, Jota-Jota? Ha sido un día maravilloso, pero tenemos que regresar a casa.

Jota-Jota: —Lo sé. No se preocupen. Yo los puedo ayudar. Sólo voy a tomar la foto familiar primero, ya que todos están en su lugar.

Jack: —¿Por qué no me dejas tomarla, Jota-Jota? Soy un buen fotógrafo, en serio.

Millie: —Déjalo, Jota-Jota. Será la primera vez que estarás en una foto familiar.

Jota-Jota: —Está bien. Lori, Bebe, ¿por qué miran debajo de la capucha, también?

Jack: —Sí, ven a ver, Lori!

Bebe: —¡Muévanse! Háganme lugar.

Jack: —¡Eh! ¿No tienen la sensación de que estamos moviéndonos?

Bebe: —¡Sí! Nos estamos metiendo en la foto.

Lori: —¡Sujétense! Aquí vamos de nuevo.

Bebe, Lori y Jack: —¡Adiós, Jota-Jota! ¡Adiós a todos!

Jack: —¡Estamos en el ático de la abuela otra vez!

Bebe: —Miren, aquí está la cámara de Jota-Jota, y hay una foto también.

Lori: —No, hay dos fotos. Miren, ésta es la que tomó Jack. ¿Ven? Allí está Jota-Jota.

Bebe: —Ésta es una foto de una boda. ¡Oh, por Dios, Jota-Jota es el novio!

Jack: —¿Qué dice en la parte de atrás? La escritura está muy gastada.

Lori: —Dice: "La boda de... Bárbara... Blake y Jack... Jessup, 10 de junio de 1876".

Bebe: —Jack Jessup... ¡Ése también es tu nombre, Jack! Jota-Jota debe haber sido su sobrenombre "J. J." ¿Lo entiendes?

Jack: —Supongo que me deben haber puesto su nombre. Nunca me había enterado de eso. Debe haber sido nuestro tatara-tatarabuelo.

Bebe: —Y Bárbara Blake es "B. B." Éste es su caballito mecedor. Eso significa que ella era nuestra tatara-tatarabuela.

Jack: —¡Vaya! Jota-Jota tenía razón. Estábamos justo en medio de nuestra historia.

Bebe: —Estoy segura de que hay más historias familiares, que la abuela puede contarnos.

Lori: —Hay muchas más historias de Johnsbury que podemos averiguar también. Vayamos mañana a la biblioteca y busquemos los registros de la ciudad.

Bebe: —¿Saben qué? ¡Este 4 de julio resultó ser el mejor de todos!

Bebe, Lori y Jack: —¡Hip, hip, hurra!

Nat Love, héroe del Oeste

Judith Bauer Stamper

ELENCO:
Narrador 1
Narrador 2
Nat Love
Señora Love
Señor Williams
Muchacha
Jefe
Vaquero 1
Vaquero 2
Vaquero 3
Cocinerito
Alcalde de Deadwood
Bat Masterson

AMBIENTE:
Tennessee, 1854–1869
Lejano Oeste, 1869–1890

© Macmillan/McGraw-Hill

Narrador 1: Allá lejos, en los días del Lejano Oeste, había un vaquero que le ganaba a todos con los caballos, con el lazo y con la pistola. Era un afroamericano cuyo nombre era Nat Love, pero todos lo llamaban por su sobrenombre, Deadwood Dick.

Narrador 2: Nat pasó la mayor parte de su vida en el rancho domando caballos salvajes, marcando ganado y arreando bueyes a través de cientos de millas de pradera abierta. Cerca del fin de su vida, Nat registró todas sus aventuras en una autobiografía titulada *La vida y las aventuras de Nat Love, mejor conocido en la región ganadera como "Deadwood Dick"*. Muchas de las emocionantes aventuras de sus páginas se leen como cuentos increíbles del Lejano Oeste.

Nat: —Nací esclavo en una vieja cabaña de troncos en Tennessee, en 1854. Nunca supe el día exacto porque en aquellos tiempos nadie pensaba en llevar el registro de los nacimientos de los bebés esclavos. Mi papá trabajaba en una plantación que pertenecía a un hombre blanco llamado Robert Love y mi mamá estaba a cargo de la cocina en la casa grande.

Narrador 1: Cuando Nat cumplió once años, su vida cambió repentinamente. La Guerra Civil había terminado y ahora era libre. Pero la libertad no hacía que la vida de Nat fuera mucho más fácil. Su padre había muerto y la familia Love estaba pobre y hambrienta. Nat sabía que la supervivencia de su familia dependía de él.

Nat: —No queda comida en el armario, mamá, y todo el dinero que tú y papá lograron ahorrar se acabó. Alguien tiene que conseguir alimento y creo que tendré que ser yo.

Señora Love: —¿Cómo saldremos adelante sin tu papá? Eres muy joven y muy pequeño para salir a trabajar como un hombre.

Nat: —Quizá sea joven, pero soy libre. Utilizaré mi libertad para salir y conseguir un empleo. Ayer hablé con el señor Brooks. Me prometió que me daría un empleo en su granja. Me ofrece una paga de $1.50 por mes. No es una fortuna, pero es mejor que nada. Empiezo mañana.

Señora Love: —Tu papá estaría orgulloso de ti. Algún día crecerás y harás algo de ti. No sé cómo, pero lo sé.

Nat: —Eso es precisamente lo que me propongo, mamá.

Narrador 2: Al día siguiente, Nat comenzó a trabajar y pronto empezó a traer papas, tocino, harina de maíz y melaza. Trabajaba seis días de siete y siempre compartía lo que ganaba con su madre y los otros niños de la familia.

Narrador 1: Entonces, un domingo, su día libre, encontró otro trabajo que fue el comienzo de su vida como vaquero. Todo sucedió en un rancho de caballos cercano, propiedad del señor Williams.

Señor Williams: —¡Eh, Nat! Ven aquí. Quiero hablar contigo un minuto.

Nat: —Claro, señor Williams.

Señor Williams: —Mira, Nat. Tengo un montón de caballos salvajes que necesitan ser domados. Se ha corrido la voz de que eres bueno con los caballos. Y la gente también dice que no hay muchas cosas que te den miedo.

Nat: —Bueno, señor, no me dan miedo los caballos, salvajes o domados. Y me gustaría ganar un poco de dinero extra.

© Macmillan/McGraw-Hill

Señor Williams: —Te diré lo que haremos, te daré diez centavos por cada caballo salvaje que puedas domar para mí. ¿Qué te parece?

Nat: —Me parece bien. ¡Trato hecho! Dónde está el caballo.

Narrador 2: Nat montó uno de los caballos y se le pegó como una sanguijuela. Sin importar cuánto pateara y corcoveara el caballo, Nat se aferraba a su lomo. Tanto el señor Williams como Nat estaban contentos con el trato que habían hecho. De allí en adelante, Nat pasó los domingos entrenando caballos y cobrando diez centavos por cada caballo que domaba.

Narrador 1: Entonces, un día, el señor Williams le habló a Nat sobre el caballo más salvaje de su establo, un caballo llamado Black Highwayman. Nadie había sido capaz de permanecer sobre el lomo de Black Highwayman lo suficiente como para montarlo.

Señor Williams: —Has domado muchos caballos para mí en estos últimos meses. Pero tengo uno que es más mezquino y astuto que todo los demás juntos. Por alguna razón, no se acostumbra a la sensación de tener un ser humano sobre el lomo. ¿Crees que estás listo para intentar domar a Black Highwayman?

Nat: —Señor, ese caballo tiene muy mal genio, y usted y yo lo sabemos bien. Yo podría intentar domarlo, pero no deseo hacerlo por diez centavos.

Señor Williams: —Bien, ¿cuánto dinero tienes en mente?

Nat: —Estaba pensando en unos cincuenta centavos. Verá, me estoy arriesgando bastante al subirme en un caballo con tal mal genio como ése.

Señor Williams: —Es un riesgo, de acuerdo, pero cincuenta centavos es demasiado. ¿Lo harías por quince?

Nat: —Valoro demasiado mi vida para desperdiciarla por quince centavos, señor Williams. ¿Qué tal veinticinco centavos por adelantado?

Señor Williams: —Trato hecho. Aquí está tu dinero, y buena suerte.

Muchacha: —Eh, ¡Nat! No intentes montar ese caballo. ¡Ten por seguro que te vas a matar!

Nat: —¡Es demasiado tarde! Ya acepté el dinero y voy a domar a ese caballo, aunque sea lo último que haga. Mantente alejada y obsérvame.

Muchacha: —¡Miren eso! ¡Lo está haciendo! ¡Nat se está trepando al lomo de Black Highwayman!

Narrador 1: No bien Nat lo montó, Black Highwayman salió disparado a través del campo. Nat sabía que o domaba al caballo, o se rompía el cuello.

Muchacha: —¡Agárrate fuerte, Nat!

Narrador 1: Nat cuidó su preciada vida hasta que finalmente, el caballo quedó agotado. Con una gran sonrisa, Nat lo llevó al establo del señor Williams.

Muchacha: —¡Hurra! ¡Lo hiciste! Realmente te ganaste esos veinticinco centavos.

Narrador 1: Pero cuando Nat metió la mano en el bolsillo para hallar el dinero que se había ganado con el sudor de su frente, el dinero no estaba. ¡Lo había perdido durante su cabalgata salvaje!

Narrador 2: Nat permaneció en su casa con su familia hasta que cumplió quince años. Más o menos en esa época, decidió viajar por el mundo. Así que se despidió de su madre y se marchó hacia el Oeste. Su destino era Dodge City, Kansas. Ubicada

al final de la Ruta Ganadera del Oeste, Dodge City era conocida como una de las ciudades más agrestes de la frontera. Allí, Nat se encontró con el jefe y varios vaqueros de una gran estancia de Texas.

Jefe: —Entonces, novato, puedo decir que eres nuevo por estos pagos. ¿De dónde eres?

Nat: —Nací y me crié en el estado de Tennessee, pero he querido venir al Oeste para ser un vaquero desde que tengo uso de razón. Parece ser la clase de vida ideal para mí.

Vaquero 1: —¿Tennessee dices? Entonces no sabes nada sobre la cría de ganado o los caballos salvajes.

Nat: —¿Eso cree? Bueno, señor, le diré que, así como me ve, he montado muchos caballos salvajes.

Vaquero 2: —Sí, claro, muchacho. Has montado caballos de Tennessee, no verdaderos caballos como los que tenemos aquí. Los caballos del Oeste son diferentes, son más salvajes y mezquinos, como nosotros, los vaqueros.

Nat: —Quizá sea así, pero nunca he encontrado un caballo que no pudiera montar.

Jefe: —Te diré una cosa, Nat. En ese corral, tengo un caballo llamado Old Good Eye. Si te mantienes sobre ese caballo, tienes un trabajo garantizado como ayudante de la ruta con mi equipo. ¿Hacemos trato?

Nat: —Por supuesto que es un trato. Sellémoslo con un apretón de manos. Ensillaré a ese pony ahora mismo y lo llevaré a dar un paseo.

Vaquero 3: —Ver esto va a ser divertido. Ese novato no sabe en qué se metió.

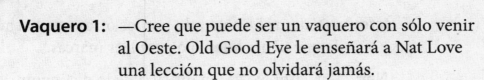

Vaquero 1: —Cree que puede ser un vaquero con sólo venir al Oeste. Old Good Eye le enseñará a Nat Love una lección que no olvidará jamás.

Narrador 1: Pero antes de que Nat se subiera al caballo, otro vaquero de color, Bronco Jim, se acercó y le dio algunas sugerencias sobre cómo montar a Old Good Eye. Nat le agradeció y después pasó una pierna sobre el lomo del caballo. Old Good Eye comenzó a corcovear como si le hubiera picado un enjambre de avispones.

Jefe: —¡Oh, caray! Vean cómo se mueve ese caballo.

Vaquero 1: —El joven Nat está rebotando mucho en esa silla.

Vaquero 2: —Es verdad, está rebotando, pero se está manteniendo montado.

Narrador 2: Nat se sostuvo hasta que el caballo se cansó tanto que ya no corcoveó más. Pero luego admitió que fue la peor experiencia de su vida.

Nat: —¡Ese caballo me hizo sonar todos los huesos del cuerpo... y algunos más!

Jefe: —Lo hiciste muy bien, Nat. Te ganaste un lugar en este equipo.

Narrador 1: El jefe le ofreció a Nat un trabajo que pagaba treinta dólares por mes y Nat aceptó su oferta de inmediato. Abandonó Dodge City con el equipo y cabalgó con ellos hasta su rancho en las afueras de Texas.

Narrador 2: En poco tiempo, Nat se convirtió en uno de los mejores peones de campo del Oeste. Amaba la vida salvaje y libre del rancho. Era bueno para enlazar y montar, y pronto se convirtió en un experto en reconocer los cientos de marcas que usaban los ranchos para identificar a su ganado.

Jefe: —Nat, me he enterado por los otros muchachos de que tienes buen ojo para leer marcas.

Nat: —¡Claro! No es tan difícil. Puedo distinguir una marca de "Double L" o de "Lazy Z" a millas de distancia.

Jefe: —Muy bien, me gustaría ponerte a cargo de la lectura de marcas de este equipo. Tendrías más trabajo, pero tu sueldo aumentaría.

Narrador 1: Así, Nat trabajaba con vaqueros de otros ranchos durante los rodeos. Las cabezas de ganado de diversos ranchos pastaban juntas en la pradera pero, algunas veces por año, eran arreadas a un lugar central. Allí, los peones de campo de diferentes ranchos trabajaban juntos para separarlas por marca, marcar todos los terneros y contar para ver cuántas cabezas de ganado tenía cada rancho.

Narrador 2: Sin esta clase de cooperación, el trabajo no se terminaría nunca. Nat pronto se hizo conocido entre los vaqueros por su juego limpio y su destreza para leer marcas era reconocida por todos.

Nat: —Ahora que todo el ganado está marcado, ¿cuándo es el siguiente gran arreo de ganado?

Jefe: —La semana que viene tenemos que llevar casi mil cabezas de ganado por la Ruta Chisholm. Tendrás que estar en la montura prácticamente día y noche.

Narrador 1: Durante los grandes arreos de ganado, los vaqueros cabalgaban cientos de millas. Arreaban el ganado guiándolo a través de ríos, protegiéndolo y asegurándose de que llegara ileso al final del camino. Era un trabajo extenuante.

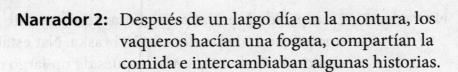

Narrador 2: Después de un largo día en la montura, los vaqueros hacían una fogata, compartían la comida e intercambiaban algunas historias.

Nat: —Es una buena comida, cocinerito. Es justo lo que necesitaba después de quince horas en la montura.

Cocinero: —Puse pimiento picante extra sólo para ti. Sé que te gusta el estofado muy condimentado.

Nat: —Muchas gracias. Todo ese ají picante me ayuda a mantenerme caliente por dentro en estas noches frías.

Cocinero: —Hablando de noches frías, mi manta se mojó cuando vadeamos el río esta tarde.

Nat: —Aquí tienes, amigo, usa la mía. Yo tengo tu estofado picante para mantenerme abrigado.

Cocinero: —¡Caray! Gracias. Había escuchado que eras un verdadero compadre. Ahora sé que es cierto.

Vaquero 1: —Oye, Nat, escuché una historia sobre ti el año pasado. Algunos vaqueros del norte de Wyoming estaban hablando de cómo salvaste a un amigo de ellos durante una ventisca.

Nat: —Oh, cualquier otro vaquero habría hecho lo mismo. Lo que pasó es que mi amigo y yo quedamos atrapados en una tormenta de nieve, sin caballos y él se lastimó. Yo sólo lo cargué un poco hasta que encontramos ayuda. Si nosotros, los vaqueros no nos mantenemos unidos, ninguno de nosotros sobrevivirá.

Narrador 1: Nadie estaba mejor preparado que Nat Love para esa vida dura. Era bueno para montar, para enlazar y para disparar. Pero, lo mejor de todo era que podía pensar con claridad en situaciones difíciles y hallar una salida.

Narrador 2: La capacidad de Nat para pensar fue muy útil una noche en la pradera de Nebraska. Nat estaba con otro par de vaqueros después de un largo día en el camino.

Nat: —Mira qué luna tan grande. Me dan ganas de cantar una canción.

Vaquero 2: —Mejor no. Podrías asustar al ganado, y acabamos de acomodarlos para pasar la noche.

Nat: —Supongo que tienes razón. Mi canto nunca fue bien recibido ni por los hombres ni por las bestias.

Vaquero 3: —¿Por qué no nos vamos a acostar temprano? El cielo no podría estar más claro. No hay posibilidades de que una tormenta ahuyente a la manada. Y nosotros somos demasiados para que los ladrones de ganado se atrevan a meterse con nosotros. ¿Qué dices, Nat?

Nat: —Lo siento, compañero, pero no estoy de acuerdo. Yo digo que nos quedemos vigilando. Nunca sabes qué podría ocurrir. Tenemos más de mil cabezas de ganado en esta manada y, si algo les ocurre, te aseguro que no querría que el jefe me descubra durmiendo.

Vaquero 1: —Nat tiene razón, pero sin duda es una noche pacífica. ¿Qué podría salir mal en una noche como ésta? Muy bien, muchachos, tomaré el primer turno.

Narrador 1: Una hora más tarde, Nat saltó repentinamente de su bolsa de dormir y miró hacia el norte.

Nat: —¿Qué es ese ruido lejano? Parece que son muchos truenos.

Vaquero 1: —Yo no escucho nada. Es sólo tu imaginación. Mira ese cielo, no hay ninguna tormenta avecinándose esta noche.

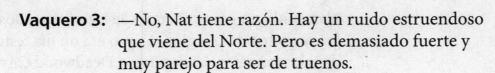

Vaquero 3: —No, Nat tiene razón. Hay un ruido estruendoso que viene del Norte. Pero es demasiado fuerte y muy parejo para ser de truenos.

Nat: —¡Son búfalos, muchachos! Hay una estampida de búfalos viniendo hacia acá. Levanten a todos, ¡pronto! Tenemos que quitar el ganado del camino de esos búfalos.

Vaquero 2: —¡Muchachos, esta noche sí que será movida!

Narrador 1: Fue una noche movida, sin duda. Nat y el resto de los vaqueros hicieron todo lo que pudieron para mover el ganado fuera del camino. Incluso cabalgaron en dirección a la estampida de búfalos para tratar de desviar a los animales. Después de horas de cabalgar y arrear y gritar, todo había terminado.

Jefe: —El polvo ya se ha asentado, Nat, ¿puedes darme una idea de la situación?

Nat: —Bueno, señor, sólo perdimos cinco cabezas de ganado, pero ocurrió algo peor. Cal Surcey, el joven peón que recién habíamos contratado, se cayo de su caballo y fue pisoteado por los búfalos hasta la muerte.

Narrador 2: Nat y los otros peones enterraron a Cal y luego, con gran tristeza, arrearon el ganado hasta Wyoming.

Narrador 1: Unos años después, en 1876, el equipo de Nat recibió un pedido para entregar tres mil cabezas de ganado en Deadwood City, en el territorio de Dakota. Era un largo camino y, cuando los vaqueros llegaron a Deadwood, estaban listos para celebrar.

Narrador 2: Al día siguiente era el Día de la Independencia. Y, para ese día, la ciudad de Deadwood estaba

planeando un gran concurso de lazo para todos los vaqueros de la región. Como era un día festivo, para la competencia, llegaron a Deadwood City vaqueros de todo el territorio.

Jefe: —Eh, ¡oye, Nat! Contamos contigo para que entres en ese concurso de lazo y lo ganes. Eres el mejor peón de nuestro equipo. En todos mis años de vaquero, nunca había visto a nadie manejar un lazo o a un caballo como tú.

Nat: —Tendrá que atarme para mantenerme fuera de ese concurso, jefe. Escuché que han reunido a los potros más salvajes del territorio para que los montemos.

Jefe: —Escuchaste bien, Nat, pero no hay un caballo vivo al que no puedas aferrarte una vez que te lo hayas propuesto.

Narrador 1: Nat entró en el concurso, pero también lo hicieron muchos otros vaqueros. Cada uno de ellos eligió un potro salvaje para enlazar y montar. El vaquero que finalizara el concurso en el menor tiempo sería el ganador. Bueno, Nat enlazó, tiró, ató, embridó, ensilló y montó su potro en nueve minutos exactos. Luego, lo montó hasta dejarlo manso como un gatito. Ningún otro vaquero estuvo siquiera cerca de igualar su tiempo. La multitud se enloqueció.

Alcalde: —Nat Love, la bella ciudad de Deadwood tiene el placer de nombrarte ciudadano honorario. Te has ganado el título de Deadwood Dick, Campeón Enlazador del Oeste.

Nat: —Me complace y me halaga que me hayan otorgado un sobrenombre en honor a esta bella ciudad. Deadwood Dick es un nombre que cualquier peón estaría orgulloso de llevar.

Vaquero 3:   —El día no ha terminado aún, Nat,... eh, quiero decir, Deadwood Dick. El concurso de tiro está por empezar. ¿Vas a ganar ése también?

Nat: —Daré lo mejor de mí, pero la competencia es fuerte. Veo a mi viejo amigo Stormy Jim allí, junto al corral y, si no me equivoco, el que está cerca del poste de enganche es Powder Horn Bill. Escuché que nunca fallan.

Alcalde: —Vamos, Deadwood Dick. ¡Muéstranos qué tan bien disparas!

Narrador 2:   Bueno, Nat Love probó que él era, en todo sentido, el mejor vaquero del territorio de Dakota. Ganó el concurso de rifles y el de disparos con pistolas Colt 45.

Alcalde: —Muy bien, supongo que esto te convierte en el héroe oficial de Deadwood City. Tengo el honor de entregarte el premio de $200.

Nat: —Gracias, Alcalde. Es muy amable.

Narrador 2:   Desde ese día, Nat Love fue conocido en toda la región ganadera como Deadwood Dick.

Narrador 1:   Durante otros catorce años, Nat fue vaquero. Su vida se llenaba con una aventura tras otra. Una vez fue capturado por indígenas. Ellos respetaban la manera en que él había peleado, así que curaron sus heridas y lo hicieron parte de su tribu. Después de algunas semanas, sin embargo, Nat protagonizó un audaz escape: cabalgó a pelo por cientos de millas hasta su hogar en Texas. Otra vez, Nat casi se congela durante una ventisca en una pradera, pero su suerte y su coraje le ayudaron a salir adelante.

Narrador 2:   Hacia 1890, el antiguo Lejano Oeste se desvanecía y se convertía en otro capítulo de

la historia de Estados Unidos. Nat hablaba de estos cambios con su viejo amigo Bat Masterson, el famoso sheriff de Dodge City.

Nat: —Es muy triste lo que está ocurriendo con el Oeste. Ya casi no hay búfalos. Se están construyendo casas justo en el medio del camino que solíamos usar para llevar el ganado a Dodge City.

Bat Masterson: —Escuché que los ranchos están cercados con alambre de púas y que casi todo el ganado se envía por tren en estos días.

Nat: —Te aseguro que no sé en qué se está convirtiendo el Oeste, pero una cosa es real: ya no necesitan viejos vaqueros como yo.

Bat Masterson: —¿Qué vas a hacer si tus días de vaquero se terminan?

Nat: —Te diré una cosa que no voy a hacer. Me niego a sentarme a deprimirme y hacerme viejo. Estoy pensando en ir a Denver, Colorado, y conseguir un trabajo allí. Si el campo va a cambiar, ¡entonces yo voy a cambiar con él!

Bat Masterson: —Siempre fuiste un luchador. Te deseo la mejor de las suertes en Denver.

Narrador 1: Nat se mudó a Denver dejando atrás su vida de vaquero para siempre. Allí, conoció a la mujer se convertiría en la señora de Nat Love. Se casaron y se instalaron en Denver. Poco tiempo después, Nat consiguió un trabajo como camarero del coche Pullman en el Ferrocarril de Denver y Río Grande. Muy pronto, estaba surcando el campo sobre un caballo de hierro en lugar de cabalgar sobre el lomo de un caballo de verdad.

Narrador 2: Con el paso del tiempo, Nat pensaba a menudo en sus días de vaquero. Decidió escribir las emocionantes aventuras que lo habían llevado a convertirse en el famoso vaquero Deadwood Dick. Nat resumió lo que era ser un vaquero con estas palabras:

Nat: —Yo, Nat Love, a mis cincuenta y cuatro años, saludable, fuerte y feliz, siempre albergaré un profundo y cálido sentimiento por los viejos días del campo, sus emocionantes aventuras, los buenos caballos, los hombres buenos y malos, las largas cabalgatas azarosas y, por último, pero lo más importante de todo, por los amigos que hice y los amigos que gané.

Narrador 1: Y así termina la historia de Nat Love, mejor conocido en la región ganadera como Deadwood Dick.

TODO EL DINERO DEL MUNDO

basada en la novela de Bill Brittain

Richard Holland

ELENCO:

Narrador	General Mainwaring
Vincent Arbor	Sargento
Roselynn Peabody	Señor Milleridge
Quentin Stowe	Señora Hobson
Flan	Señorita Draymore
Señor Stowe	Alcalde
Señora Stowe	Señora Trussker
Presidente	

AMBIENTE:
Una pequeña comunidad rural

Narrador: En un pesado día de verano, en una ciudad no muy lejana, tres amigos estaban sentados a la orilla de un río pescando y deseando, sólo deseando y pescando.

Vincent: —¿Sabes qué deseo? Deseo ser policía como mi papá, ahora mismo, sin esperar a crecer.

Roselynn: —Yo deseo ganar una medalla de oro en las Olimpíadas algún día. Pero en este momento, me encantaría tener mi propia TV color y... eh, muchas cosas. ¿Y tú, Quentin?

Quentin: —Bueno, cuando venía hacia acá, deseaba tener una bicicleta nueva de diez velocidades. Mi bicicleta vieja está destartalada.

Roselynn: —Me alegra que mi papá no nos pueda escuchar hablando de esto. Él dice que pierdo mucho tiempo deseando cosas.

Vincent: —Se parece a mi papá. Dice que sueño despierto, pero que no hago suficiente tarea. ¿Te metes en problemas por soñar despierto, Quentin?

Quentin: —Sip. Cuando estaba desayunando, deseé tener diez dólares para gastarlos en lo que yo quisiera. Pero papá me escuchó y dijo: "Acaba con esta tontería. No quiero escuchar hablar más de dinero".

Roselynn: —¡Eh! Quizá por eso nos llevamos tan bien. Cada uno puede desear cualquier cosa y sabemos que los otros dos no se van a reír cuando hablemos de eso.

Quentin: —Bueno, en este momento, deseo atrapar un pez muy grande para llevarlo a casa para la cena. ¡Esperen! ¡Picó uno! ¡Es grande!

Roselynn: —¡Cuidado, Quent! No tires demasiado fuerte o romperás la línea!

Quentin: —Muy bien... tendré... cuidado.

Vincent: —¡Guau! ¿Viste saltar a ese pez? ¡Es enorme!

Quentin: —Ayúdame... a recoger... ¡la línea!

Roselynn: —Muy bien. ¡Te tenemos! ¿Listos? Uno... dos... tres... ¡Tiren!

Quentin: —¡Lo logramos! ¡Guau! Es la lubina más grande que jamás he visto. Mejor la llevo a casa. Nos vemos.

Roselynn: —¿Cuándo?

Quentin: —Encontrémonos en mi casa esta tarde. Habré terminado mis tareas para entonces.

Vincent: —Bueno. Hasta luego.

Narrador: El deseo de Quentin de capturar un pez grande se había hecho realidad. Entonces, mientras pedaleaba hacia su casa en su vieja bicicleta, deseó cosas más grandes.

Quentin: —Deseo una bicicleta de diez velocidades como la de Roselynn..., un abrigo nuevo para mamá... y un tractor que ande bien para papá. Y quizá...

Narrador: Justo en ese momento se oyó un fuerte ¡POP! Y luego, un largo psssss.

Quentin: —¡Ay, no! ¡Otra rueda pinchada! Para cuando termine de arreglarla, este pescado se habrá echado a perder al sol. Un momento, hay un pozo. ¡Bien! Pondré el pescado en el balde y el balde en el agua. Así se mantendrá fresco.

Flan: —¡Eh! ¡Tú! ¡Ahí arriba! No me tires el balde por la cabeza.

Quentin: —¿Hay alguien ahí abajo?

Flan: —¡Sí, yo! ¿Vas a ayudar a un pobre viejo o no?

Quentin: —¿Qué tan abajo está?

Flan: —Dado que estoy parado con el agua por las rodillas, yo diría que estoy en el fondo. ¿Tienes una soga o algo?

Quentin: —Todo lo que tengo es una caña de pescar.

Flan: —Espléndido. Bájamela.

Quentin: —La línea no es muy fuerte.

Flan: —Te sorprenderá lo poco que peso, muchacho. Sólo baja la línea y nos la arreglaremos.

Quentin: —Muy bien. Aquí va.

Flan: —La veo... Un poco más... Ah, la tengo. ¡Recógela, muchacho!

Quentin: —Es usted muy liviano. ¿Está bien?

Flan: —Muy bien. Un par de pies más y estaré afuera.

Narrador: Quentin tiró hacia arriba con su caña de pescar hasta que una mano se aferró al borde del pozo. Era una mano muy pequeña, como la de una muñeca. Pero, más increíble que el tamaño, era el color: la mano era verde.

Flan: —Eso es, muchacho, estoy fuera. La humedad y la oscuridad son más de lo que un cuerpo puede soportar.

Narrador: Quentin estaba boquiabierto. Era un hombre, pero Quentin nunca había visto a alguien así. No era más grande que una muñeca. Su cara y sus manos eran de un verde pálido y estaban arrugadas por la edad. Sobre la cabeza, del tamaño una pelota de béisbol, tenía un sombrero de copa. Y entre los dientes, sostenía la boquilla de una pequeña pipa.

Quentin: —Hola... señor. Soy Quentin Stowe. ¿Y usted es...?

Flan: —Mejor sigo mi camino, te agradezco mucho por haberme sacado del pozo.

Quentin: —¡Eh, espere! Le salvé la vida. Lo menos que puede hacer es decirme quién es.

Narrador: La caña de pescar de Quentin tironeó y el anzuelo plateado estaba enganchado en los faldones del hombre.

Flan: —Me pregunto si serías tan amable de quitar el anzuelo de mis faldones, muchacho. Me es difícil alcanzarlo.

Quentin: —Lo haré, pero antes dígame quién es.

Flan: —Nada bueno saldrá de esto, muchacho. Pero si quieres saberlo, me llamo Flan.

Quentin: —Flan. Es un nombre poco común. ¿Qué clase de persona es usted, señor Flan?

Flan: —Sin señor. Flan a secas. Soy lo que las personas llaman un duende. Vengo de Irlanda. ¿Qué estás mirando?

Quentin: —Nunca vi a nadie con la piel verde.

Flan: —Bueno, no te vayas a burlar de mí por mi color. Verde es tan bueno como negro o blanco, o morado, o dorado, o cualquier color de piel que venga estos días. Además, ¿qué importa un color diferente entre amigos?

Quentin: —Tal vez tengamos problemas. Papá dice que, a veces, las personas con diferente color de piel no se llevan muy bien.

Flan: —A la primera persona que intente hacerme algo por mi color, le daré piel verde, lo haré. Lo transformaré en una rana.

Quentin: —¿Puede hacer eso?

Flan: —Si supieras algo sobre los duendes, sabrías que podemos hacer toda clase de magia.

Quentin: —Si puede hacer magia, ¿por qué no pudo salir del pozo? ¿Por qué necesitó mi ayuda?

Flan: —Me quedé dormido en la escuela durante la lección de vuelo. La lección era complicada hacía calor y yo estaba cansado. Así que no puedo volar. No tenía manera de salir del pozo hasta que llegaste. Ahora, muchacho, debes reclamar lo que te corresponde.

Quentin: —¿Lo que me corresponde?

Flan: —Me atrapaste en buena ley y me hiciste decir mi nombre. Por la Ley de los Duendes, debo concederte tres deseos.

Quentin: —¡Tres deseos! ¿Puedo desear cualquier cosa?

Flan: —Cualquier cosa. Pero debo advertirte. Lo que desees, lo tendrás. Y lo tendrás por siempre.

Quentin: —Supongo que mejor lo pienso bien. Pero, en este momento, mejor me voy a casa. ¿Quieres venir?

Flan: —No me molestaría. Estuve viviendo en un confortable rincón, debajo de un bello porche que era de la señora Viola Trussker. Pero su hábito de cantar terminó siendo demasiado para mí, ¡esos chillidos y alaridos! Me tuve que ir. ¿Dónde vives?

Quentin: —A cuatro millas de aquí. Ojalá mi bicicleta estuviera arreglada. Entonces, llegaríamos a casa enseguida.

Narrador: Hubo un estruendo y el aire mismo pareció vibrar. De repente, la rueda pinchada de la bicicleta se llenó de aire.

Flan: —Primer deseo concedido. Súbete.

Quentin: —¡Eso no es justo! Eso no era un deseo.

Flan: —Me temo que sí, muchacho.

Quentin: —Ojalá hubiera una manera de evitar desear deseos que no deseo desear.

Flan: —Pan comido. No consideraremos que tu tercer deseo estará pedido hasta que cuentes hasta tres después de haberlo hecho.

Quentin: —¿Mi tercer deseo? ¿Qué quieres decir? ¿Qué pasó con el segundo?

Flan: —Recién lo hiciste, deseaste no desear deseos que no deseas desear. Te queda un deseo.

Quentin: —Pero yo... ¡Caramba! Este asunto de los deseos es más complicado de lo que pensé.

Flan: —Piensa muy bien tu último deseo y no olvides contar hasta tres después.

Narrador: Había tantas cosas que Quentin deseaba. La bicicleta nueva, las cosas para mamá y para papá, dinero para... ¡dinero! ¡Eso es!

Quentin: —¡Ya sé! Deseo... deseo todo el dinero del mundo. Uno... dos... ¡TRES!

Narrador: Por un momento sólo hubo silencio. Luego se oyó un tremendo UMMFF, seguido por ruidos, como si el cielo se estuviera abriendo. Finalmente, una calma estremecedora.

Flan: —Abre los ojos, Quentin. Tu deseo te fue concedido.

Narrador: Lentamente, Quentin abrió los ojos. Vio campos, vacas y pájaros, pero no vio dinero.

Quentin: —Eran habladurías, ¿no, Flan?

Flan: —No te engañaría, muchacho. Deseaste todo el dinero del mundo y lo conseguiste. Pero es más de lo que alguien puede llevar.

Narrador: Decepcionado, Quentin pedaleó lentamente hacia la granja. Pero cuando se acercó apenas pudo divisar la casa. Había enormes montones de algo en el lugar donde solían estar los cultivos de su padre. Era...

Quentin: —¡Todo el dinero del mundo!

Narrador: Sí, ¡pilas de dinero que casi tocaban las nubes! Quentin corrió hasta la pila más cercana y hundió los brazos hasta los hombros. Tomó fajos de billetes y los lanzó por el aire. ¡Había dólares y pesos mexicanos, y libras esterlinas, y rupias indias, y florines holandeses, y marcos alemanes, y tantas, tantas, tantas clases diferentes de dinero!

Quentin: —¡Dinero! ¡Dinero! ¡Dinero, dinero, dinero, dineeeeeeeeeero!

Narrador: Quentin caminó sobre los montones de monedas de oro y plata. Finalmente, llegó hasta la cerca del borde del camino, donde Flan estaba sentado sobre la barra. El pequeño duende mostraba una sonrisa amplia.

Flan: —¿Ves, muchacho? Cumplí mi promesa, ¿no? ¿Quién es ése?

Señor Stowe: —¿Quentin? ¿Qué está pasando? ¿Qué es todo esto que está donde estaban los cultivos?

Quentin: —Tenemos algo mejor que cultivos, papá. ¡Tenemos todo el dinero del mundo!

Señor Stowe: —Y supongo que Cenicienta va a venir a cenar. Quentin, cuando empiezas con este asunto de soñar despierto, no quiero escuchar.

Quentin: —Pero es verdad, papá. ¡En serio!

Señor Stowe: —Todo este papel no debe valer lo que una montaña de frijoles.

Flan: —Vale lo que vale todo el dinero del mundo para cualquiera que lo tenga.

Señor Stowe: —¿Quién es ese hombrecito verde?

Narrador: Mientras Quentin y Flan le contaban al señor Stowe lo que había pasado, Vincent y Roselynn llegaron en sus bicicletas. Escucharon en silencio. Luego, Vincent dejó salir un grito.

Vincent —¡Guau! Imagina todo lo que puedes comprar.

Quentin: —Imagina todo los que podemos comprar. Toma todo lo que quieras. Tú también, Roselynn.

Narrador: Roselynn y Vincent tomaban puñados de dinero, y se metían los billetes en los bolsillos y en las camisas y en las medias y en los zapatos. Cuando terminaron, miraron alrededor, gordos y llenos de bultos.

Roselynn: —¡Quentin! ¡Muchas gracias! Esto es maravilloso.

Narrador: Vincent y Roselynn caminaron como patos hasta el camino. En ese preciso momento, ¡PONG! ¡PONG! Ya no eran gordos ni redondos ni tenían bultos. Todo el dinero con el que habían rellenado sus vestimentas descansaba en dos prolijas pilas al lado del camino.

Vincent: —¡Mi dinero! ¡No está! ¡Se ha ido!

Roselynn: —¡El mío también! Apuesto a que Quentin le dijo a Flan que lo recuperara.

Quentin: —No, esperen un minuto. Yo no hice eso.

Vincent: —En realidad, nunca quisiste que tuviéramos nada del dinero, ¿no, Quentin?

Roselynn: —Anda, Vincent. Vámonos. Todavía podemos divertirnos nosotros dos solos.

Narrador: Quentin estaba muy triste. Sus mejores amigos estaban enojados con él y su papá estaba molesto y preocupado. Este asunto del dinero no estaba saliendo como lo había planeado. Flan, el señor Stowe y Quentin entraron a la casa para ver a la señora Stowe. Tenían que decidir qué hacer con todo ese dinero.

Señora Stowe: —¿Qué son esas pilas que están donde solían estar los cultivos? ¿Quién es este hombrecito verde? ¡Qué lindo es!

Quentin: —Es todo el dinero del mundo, mamá.

Señora Stowe: —¿Todo el dinero del mundo? ¡No puede ser!

Quentin: —Sí, mamá. Y éste es Flan. Es un duende y él me dio el dinero.

Señora Stowe: —¿Pero de dónde salió? ¿Y qué vas a hacer con él?

Señor Stowe: —Esas preguntas son muy buenas. Tengo el presentimiento de que encontraremos las respuestas en el noticiero. Quentin, enciende la TV.

Quentin: —Sí, papá. ¡Guau! Es el Presidente. Está dando un discurso.

Presidente: —Conciudadanos, hoy sucedió algo que nunca había ocurrido antes en nuestra historia: ha desaparecido toda la reserva de dinero de Washington, D.C. Se nos ha informado que falta dinero de Fort Knox y otros lugares.

No sabemos cómo ocurrió esto. Hasta que encontremos el dinero, deberán interrumpirse todas las tareas del gobierno. La situación es grave, bastante grave, pero aún hay esperanza. Mientras tanto, pensamos negociar algunos préstamos con nuestros aliados en el exterior.

Señora Stowe: —Quentin, ¿cuánto dijiste que había allí?

Quentin: —Todo el dinero del mundo.

Presidente: —He nombrado al General Linus Mainwaring para que localice el dinero que falta. General, ¿tiene algo que decir?

General: —Sí, señor Presidente. Sólo quiero decirle esto a quienquiera que tenga el dinero. Vamos a encontrarte, sinvergüenza. Y cuando lo hagamos, ¡cuidado!

Narrador: Durante dos días, Quentin vio cómo su deseo afectaba a toda la ciudad. Nadie tenía dinero para comprar. Las tiendas estaban cerrando. La comida se echaba a perder en los estantes. Las personas estaban muy preocupadas. Quentin estaba sentado sobre una pila de dinero preguntándose qué hacer. Flan descansaba sobre el hombro de Quentin. De repente, se oyó un ruido sordo. Luego, en la distancia...

Quentin: —¡Camiones! Muchos camiones vienen hacia acá. Mira, el costado de los camiones dice Ejército de Estados Unidos.

Narrador: Los camiones se detuvieron con un chirrido y un hombre uniformado se bajó de un salto. Tenía hileras e hileras de medallas sobre el pecho. Quentin lo reconoció de la TV. Era el General Mainwaring seguido de un sargento.

General: —Sí, es el dinero, justo donde nuestros aviones de observación lo detectaron. Sargento, dígales a

las compañías que avancen cruzando la cerca y
rodeen el dinero.

Sargento: —Avancen cruzando la cerca y rodeen el dinero.

General: —¡Tú! Con esa cosa verde en el hombro. ¿Cómo
te llamas? ¿Y cómo llegó todo este dinero aquí?

Quentin: —Mi nombre es Quentin Stowe, señor. Y éste es
Flan. Él trajo el dinero.

General: —Ya veo. Muy bien, estoy aquí cumpliendo
órdenes del Presidente de Estados Unidos.
Procederemos a cargar el dinero. ¡Sargento!
Cargue los camiones. Empiece por los lingotes
de oro.

Sargento: —¡Carguen el dinero! ¡Empiecen por los
lingotes de oro!

Narrador: Los soldados cargaron tres camiones con lingotes
de oro. Les llevó medio día por lo pesado que es
el oro. Los camiones se combaban con el peso de
los lingotes.

General: —¡Muevan los camiones!

Sargento: —¡Muevan los camiones!

Narrador: Los camiones salieron del pasto hacia el camino.
¡PONG! ¡PONG! ¡PONG! La parte de atrás de los
camiones saltó por el aire pero, cuando volvió a
bajar, los camiones ya no se combaban.

Sargento: —General, el oro . . . ya no está en los camiones.
¡Desapareció!

Quentin: —¡No desapareció, señor! Esta aquí, en el campo.

General: —¿Quieres decir que el oro volvió a la granja?

Quentin: —Sí, señor. El dinero siempre vuelve.

General: —¡Imposible! Sargento, rodeen la granja. ¡Nadie toca este dinero! Levanten tiendas y hagan un campamento. Quizá estemos aquí un tiempo.

Narrador: Los problemas de Quentin iban de mal en peor. No solamente estaba sufriendo toda la ciudad por su deseo, sino que ahora tenía al Ejército de Estado Unidos viviendo en la granja de su familia. Tenía que hacer algo, pero ¿qué?

Quentin: —¡Ya sé! Iré de compras y gastaré parte de mi dinero. De esa forma, los dueños de las tiendas podrán mantener sus tiendas abiertas.

Narrador: Quentin llenó sus bolsillos de dinero. Para su deleite, el dinero siguió en sus bolsillos cuando dejó la granja. Se dirigió a la ciudad con Flan. Su primera parada fue la heladería del señor Milleridge.

Señor Milleridge: —Oh, eres tú, Quentin. Quizás no lo sepas, pero estoy dejando el negocio de los helados. ¡Y todo es tu culpa! A propósito, ¿quién es él?

Quentin: —Su nombre es Flan.

Señor Milleridge: —Es verde ¿no?

Quentin: —Sí. Tiene trescientos años.

Señor Milleridge: —Supongo que cualquiera se pondría verde después de trescientos años.

Quentin: —¿Nos puede servir dos gaseosas, por favor? Tengo el dinero.

Señor Milleridge: —¿Dinero? ¿Tienes dinero de verdad? Ah, bueno, ¿por qué no lo dijiste? Te serviré lo que gustes, si tienes el dinero para pagar por ello.

Narrador: Cuando Quentin y Flan terminaron sus gaseosas, Quentin pagó por ellas con cuatro monedas de veinticinco centavos. Después, fueron a la tienda de ropa de Hobson.

Señora Hobson: —Buenos días, Quentin. No creí que te fueras a tomar el tiempo de venir de visita cuando tienes que contar todo tu dinero.

Quentin: —Estoy aquí para comprarle a mamá un lindo tapado abrigado. Tengo el dinero.

Señora Hobson: —¿Tienes dinero? Si tienes dinero, nosotros tenemos tapados.

Narrador: La señora Hobson ayudó a Quentin a elegir un tapado grueso y abrigado. Quentin le dio seis billetes de veinte dólares. Siguiente parada, la joyería.

Quentin: —Señorita Draymore, quiero un hermoso reloj para mi padre. Aquí tengo el dinero.

Srta. Draymore: —¿Quieres un reloj de oro o uno de plata? ¿O quizás quieras uno con piedras preciosas?

Señora Hobson: —¡Alto! ¡No le venda nada. Quentin, nos has engañado! El dinero que me diste se ha esfumado.

Señor Milleridge: —¡Alto ahí! ¿Dónde está? Mi dinero, ¿dónde está? Compraste dos gaseosas en mi tienda. Pagaste con cuatro monedas de veinticinco centavos. Tan pronto como cruzaste la puerta, el dinero ya no estaba.

Quentin: —¡Oh, no! ¡El dinero volvió a mi bolsillo!

Flan: —El dinero es tuyo todo el tiempo. Puedes llevarlo a donde quieras. Pero si se lo das a alguien más, ya no tendrías todo el dinero del mundo. Entonces, tiene que regresar a ti.

Srta. Draymore: —No hay relojes para ti, jovencito.

Señora Hobson: —Y yo me llevaré ese tapado, muchas gracias.

Señor Milleridge: —Quentin, tú y tu amigo verde, ¡síganme!

Narrador: El señor Milleridge no podía recuperar las gaseosas, así que hizo que Quentin y Flan limpiaran su sótano. Pero Flan no creía que el contratiempo fuera por su culpa, por lo que Quentin tuvo que hacer toda la limpieza por sí solo.

Quentin: —¿Qué tiene de bueno tener todo el dinero del mundo? Estoy trabajando el doble de lo que trabajaba cuando no tenía nada.

Narrador: La idea de Quentin no había funcionado. Así que esa noche, el Alcalde llamó a una reunión a la que todos tenían que acudir.

Alcalde: —Como Alcalde de esta ciudad, tengo un plan para solucionar el problema del dinero. Aquí hay cuatro cajas de dinero de juguete que encontré en la tienda de variedades de Reeses. El dinero se llama "sinvalor". Usaremos los sinvalor como dinero hasta que pensemos en una forma de sacar el dinero de verdad de la granja Stowe.

Señor Milleridge: —Es una buena idea.

Señora Hobson: —Sí, creo que va a funcionar.

Alcalde: —Ahora, todos los que ganan dinero hagan una fila. Cada uno me dirá cuánto gana en una semana. Luego, yo les daré esa cantidad en sinvalor.

Narrador: El Alcalde repartió billetes de sinvalor hasta que todos en la ciudad estuvieron satisfechos.

Alcalde: —Si alguno tiene alguna deuda por saldar, éste sería un buen momento para hacerlo.

Narrador:	Hubo ruido de billetes mientras las personas intercambiaban dinero de juguete.
Alcalde:	—Bueno, todos hemos arreglado las cuentas y la ciudad puede volver a la normalidad.
Narrador:	Eso es lo que él pensaba. ¡PONG! ¡Los sinvalor aparecieron sobre el regazo de Quentin!
Quentin:	—¡Otra vez, no!
Señor Milleridge:	—Quentin tiene mis sinvalor.
Señora Hobson:	—¡Los míos también!
Flan:	—¡Qué tontos! ¿No se dan cuenta de lo que sucedió? Convirtieron los sinvalor en dinero de verdad cuando los usaron para pagar deudas. Ahora que los sinvalor son dinero real son parte de todo el dinero del mundo. Entonces, debe tenerlos Quentin.
Señor Milleridge:	—¡Quiero que me devuelvan mis sinvalor!
Narrador:	En ese preciso momento, el General Mainwaring entró como una tromba a la reunión.
General:	—¡Atención! ¡Quentin Stowe! Tienes que acompañarme. Tienes que acudir a una cita, una cita con el Presidente de Estados Unidos.
Narrador:	Quentin y Flan fueron llevados rápidamente a Washington, D.C. en helicóptero. El Presidente los esperaba sobre la escalinata de la Casa Blanca.
Presidente:	—Hola, Quentin. Vayamos a la Sala Oval. Es el lugar indicado para conversar problemas graves y hoy tenemos un problema muy grave entre manos. Quentin, ¿por qué no me cuentas cómo conseguiste todo ese dinero?

Narrador: Mientras caminaban hacia la Sala Oval, Quentin le explicó cómo había comenzado todo con su deseo de tener una bicicleta de diez velocidades. Luego, le contó su encuentro con Flan y su deseo de tener todo el dinero del mundo, y cómo se hizo realidad.

Presidente: —¿Y ahora no puedes desear no tener el dinero porque ya no te quedan deseos?

Quentin: —Eso es, señor Presidente. Y ni siquiera puedo gastar el dinero. Todo ha sido nada más que problemas desde que lo obtuve.

Presidente: —El problema es aún más grande de lo que piensas. Todos los habitantes del mundo necesitan cosas para vivir, cosas que el dinero puede comprar. Pero tú tienes todo el dinero.

Quentin: —Lo devolvería todo si pudiera.

Presidente: —Creo que lo harías. Pero algunos países creen que Estados Unidos está quedándose con el dinero a propósito. Y debido a ello, están amenazando con declarar la guerra.

Quentin: —¿Guerra? ¡No pueden hacer eso!

Presidente: —Pueden, Quentin, y lo harán. Flan, ¿existe algún modo de que el dinero vuelva a donde pertenece?

Flan: —No, señor. Él me atrapó y me hizo decir mi nombre. Es el único modo en que un duende concede deseos excepto... No diré más.

Presidente: —Entonces, sí hay forma de que Quentin tenga más deseos, ¿no es cierto, Flan? ¿Cuál es? ¡Debes hablar!

Flan: —No puedo hablar. La Ley de los Duendes no permite hablar. Mi castigo será espantoso si lo digo. Ustedes deben vivir según sus leyes, yo debo vivir según las mías.

Presidente: —De acuerdo, Quentin, si hay una respuesta, deberán encontrarla. Todo el país, todo el mundo, en realidad, depende de ti.

Narrador: De nuevo en casa, el Alcalde llamó a otra reunión. Todos estaban allí y estaban más enojados que nunca con Flan.

Señor Milleridge: —Es su culpa. Quentin nunca habría conseguido el dinero sin él. Es pequeño, está arrugado y es VERDE. Si no fuera verde, probablemente tendríamos nuestro dinero.

Srta. Draymore: —¡Sí, es horrible! ¡Es verde!

Todos: —¡Es verde! ¡Es verde! ¡Es verde! ¡Es VERDE!

Narrador: Flan estaba ahí, de pie, con una gran sonrisa verde. Golpeó tres veces con el pie y ¡ZAS!, se callaron todos. Quedaron duros como estatuas.

Flan: —Ahora, tomaré la palabra. Quentin pidió un deseo muy tonto, pero hoy el resto de ustedes se está comportando de manera más tonta todavía. Debido a la manera en la que me trataron, me iré de la ciudad para siempre y conmigo se va toda oportunidad de que recuperen el dinero. No puedo evitar ser verde, de la misma manera que Quentin no pudo evitar pedir un deseo infantil.

Narrador: Flan chasqueó los dedos y corrió hacia la puerta. Todos quedaron liberados del encanto y se apuraron para perseguirlo. En eso, desde afuera, se oyó un ¡CR-R-ANCH! Flan se había caído por una grieta que había en la escalera y ahora estaba atrapado hasta la cintura.

Flan: —¡Que nadie se me acerque! ¡Los convertiré en gusanos! ¡Ay!, maldigo el día en que me dormí en esa clase de vuelo. ¡Pobre de mí!

Quentin: —Estas atrapado, Flan. ¿Quieres que te ayude a salir de allí?

Flan: —No, muchacho. ¡No rogaré! Ni lo sueñes.

Narrador: En ese momento, Quentin estaba seguro de que conocía el secreto de Flan.

Quentin: —¡Eso es! Puedo tener otros tres deseos si me ruegas que te salve. ¿No es así, Flan?

Flan: —Tres deseos más no, sólo uno. Pero no creas que voy a rogar, muchacho. Especialmente después del lío que armaste con tu último deseo.

Quentin: —Entonces, tendré que pedirle a la señora Trussker que cante para ti.

Narrador: La señora Trussker era la peor cantante del mundo. Se decía que podía agriar la leche con el solo hecho de cantar cerca de una vaca.

Quentin: —Señora Trussker, a Flan le encanta su manera de cantar. ¿Podría, por favor, cantarle una canción?

Señora Trussker: —¡Será un placer! [*cantando*] Yo vendo unos ojos negros, ¿quién me los quiere comprar? . . .

Flan: —¡No, Quentin! ¡Es una tortura cruel, eso es lo que es!

Señora Trussker: —Lo vendo por hechiceros, porque me han pagado mal . . .

Flan: —¡Suficiente! ¡Haz que se detenga!

Señora Trussker: —¡Más te quisiera, más te amo yo y todas las noches lo paso suspirando por tu amor!

Flan: —¡Me doy por vencido, Quentin! Te ruego que me salves y te concederé un deseo más!

Narrador: Quentin tomó la mano de Flan y con mucha delicadeza lo sacó del agujero de los escalones.

Flan: —Pide tu deseo ya mismo, muchacho. Luego, dejaré esta ciudad tan rápido como mis piernas me lo permitan.

Narrador: Quentin cerró los ojos.

Quentin: —Deseo... que todo el dinero del mundo regrese al lugar a donde pertenece. Uno... dos... ¡TRES!

Narrador: Quentin abrió los ojos. Lo primero que vio fue a Flan que salía disparado por la calle. Entonces escuchó...

Señor Milleridge: —¡Es dinero! ¡Dinero de verdad! ¡Dieciséis dólares y treinta dos centavos aquí en mi bolsillo!

Alcalde: —El dinero volvió al banco. Pilas y pilas de dinero.

Narrador: Sí, el dinero había regresado a los bancos, a los hogares y a los bolsillos a los que pertenecía. Todos los habitantes de la ciudad respiraban aliviados camino a sus hogares. El más feliz de todos, Quentin, fue a su casa y durmió por primera vez en días. A la mañana siguiente, se levantó y vio los cultivos creciendo en los campos otra vez. Cuando estaba terminando sus tareas, vio a Vincent y Roselynn en la puerta de la cocina, que lo invitaban a ir a pescar.

Vincent: —Lamento haber actuado de esa manera, Quentin. El dinero hace que las personas hagan cosas extrañas.

Roselynn: —Yo también lo lamento, Quentin. El dinero no es tan importante como los amigos y nosotros tres somos muy buenos amigos.

Narrador: En ese momento, se escuchó el estruendo de un camión del Ejército. Cuando se detuvo, el General Mainwaring se bajó de un salto.

Quentin: —¡Oh, no! ¡No otra vez! ¿Qué pasó ahora?

Narrador: El sargento saltó de la parte trasera cargando algo grande. Estaba sonriendo.

General: —¡Quentin Stowe!

Quentin: —¿Sí, señor?

General: —El Presidente me envía para que le diga que él no es pequeño, ni verde, ni puede concederle todos sus deseos. ¡Pero puede concederle ¡una bicicleta nueva de diez velocidades! ¡Es lo mejor que el dinero puede comprar!

Quentin: —¡Gracias, señor! ¡Vincent! ¡Roselynn! ¡Vayamos a dar una vuelta!

Narrador: El general saludó cuando los tres amigos salieron en bicicleta con sus cañas de pescar. Pasarían el día pescando, sí, sólo pescando... y esta vez no desearían demasiadas cosas.

Pequeñas conversaciones

Aileen Fisher

Grupo 1: ¿No crees que es quizás los escarabajos, los bichos y las abejas hablen sobre muchas cosas? Tú sabes, cosas como éstas:

Grupo 2: Del clima en las junglas de pastos altos de su zona o los terremotos que hay en sus aldeas cuando pasan las personas.

Grupo 3: Por supuesto, nunca sabremos si los bichos tienen estas ideas porque nuestros oídos son demasiado grandes para conversaciones tan pequeñas.

© Macmillan/McGraw-Hill

Pero me pregunto. . . .

Aileen Fisher

Solo 1: Los grillos en los matorrales,

Solo 2: y los saltamontes en los árboles,

Solo 3: y las hormigas en las plantas, y las mariposas,

Solo 4: y las mariquitas y las abejas laboriosas

Grupo 1: no olfatean con narices pequeñas, ¿sabías que para eso usan las antenas?

Grupo 2: Se llevan bien, con cariño se saludan, pero a veces me pregunto cómo estornudan.

EL RUISEÑOR

basado en el cuento de hadas de Hans Christian Andersen

Kathleen M. Fischer

ELENCO:

Narrador
Viajero 1
Viajero 2
Jardinero
Ruiseñor
Pescador
Esposa del
pescador

Emperador
Emperatriz
Chambelán
Cortesano 1
Cortesano 2
Cocinera
Dama 1

Dama 2
Heraldo
Pájaro con
joyas
Maestro de
música
Relojero

AMBIENTE:
Antigua China

Narrador: La historia del ruiseñor ocurrió en China hace muchos años. Y ésa es la razón más importante para contarla hoy, para que su lección no sea olvidada. En aquellos días, el emperador de China era un soberano muy poderoso y rico. Su palacio era el más hermoso del mundo. De hecho, era tan extraordinario que venían viajeros de todos los rincones del mundo a admirar sus maravillas.

Viajero 1: —¡Saludos, compañero viajero! He viajado a tierras remotas en busca de maravillas sobre las cuales escribir, aunque nunca he visto semejante esplendor. ¿Quién creería que un palacio pudiera estar hecho de porcelana fina?

Viajero 2: —¡Estoy de acuerdo! Es tan delicado, tan frágil que debo confesar que no me atreví a tocar nada mientras lo atravesaba. Soy un poeta y aquí, en el palacio imperial, he encontrado muchos objetos dignos de mi pluma.

Viajero 1: —Quizá le gustaría acompañarme a dar un paseo por los magníficos jardines del emperador.

Viajero 2: —Nada me daría más placer. Ah, mire. El jardinero está atando campanillas a esas flores. ¡Qué extraño!

Viajero 1: —¡De lo más inusual! Debemos averiguar por qué... Discúlpenos por interrumpir sus tareas, jardinero imperial. Estamos de visita en su reino y tratamos de entender sus costumbres. Díganos, por favor, ¿por qué está colgando campanillas de estas flores?

Jardinero: —Verán, distinguidos viajeros, sólo se permite que las más raras y exquisitas flores crezcan en el jardín del emperador. Es mi deber imperial seleccionar las flores más bellas y atarles pequeñas campanillas de plata, de manera que los transeúntes no dejen de admirarlas.

Viajero 2: —Felicitaciones por tan ingenioso plan. ¿Qué tan grandes son los jardines del emperador?

Jardinero: —¿Qué tan grandes? ¡Vaya! Son tan enormes que ni siquiera yo sé dónde terminan. Sin embargo, sí sé que si caminan lo suficientemente lejos, llegarán a un bosque inmenso que se extiende hasta la orilla del mar.

Narrador: Al día siguiente, los dos viajeros iniciaron su recorrido para averiguar el alcance de los jardines del emperador. Mientras atravesaban el bosque a pie, se maravillaban de las hermosas cosas que escuchaban y veían.

Viajero 2: —Escucha esos sonidos maravillosos: el chirrido de los insectos, el susurro del viento en los árboles, el murmullo del arroyo. Si bien el sonido de las campanillas de plata de los jardines imperiales es dulce, estos sonidos son más dulces todavía.

Viajero 1: —Sí, y mira esos colores: los distintos tonos de las hojas y todos los matices de azul en el cielo. Es maravilloso contemplar la porcelana dorada del palacio del emperador, sin embargo, los colores del bosque son aún más adorables.

Narrador: Los dos viajeros continuaron su camino hasta que llegaron al mar, donde los altos árboles extendían sus ramas sobre las aguas azules. Estando de pie debajo de uno de los árboles, escucharon un sonido glorioso.

Ruiseñor: [*Canto del ruiseñor*].

Narrador: En ese momento, un pescador y su esposa pasaban por allí de camino al mar para revisar sus redes.

Viajero 1: —Buenos días.

Pescador: —Buenos días, señor.

Viajero 2: —¿Puede decirnos qué es eso que escuchamos?

Pescador: —Eso, señor, es el ruiseñor que vive en el bosque.

Esposa: —Su canto es hermoso, ¿no es cierto?

Viajero 2: —Ah, sí. Yo diría que en este reino de cosas bellas, ¡es lo más encantador!

Viajero 1:   —Es verdad, mi amigo. Cuando regrese a mi hogar, escribiré libros en los que describiré todas las cosas increíbles que he visto. Pero el lugar de honor, sin duda, será para el ruiseñor.

Viajero 2:   —Y yo escribiré poemas exquisitos sobre el ruiseñor que vive en el bosque que linda con el profundo mar azul.

Narrador: Con el tiempo, los libros y poemas de estos viajeros recorrieron el mundo entero. Finalmente, ¡algunos de ellos llegaron al mismísimo emperador! Leía sentado en su trono dorado y asentía ante las magníficas descripciones de su palacio y sus parques.

Emperador: —Ah, sí. Este escritor dice que la porcelana de mi palacio no puede ser igualada en ningún lugar del mundo.

Emperatriz: —Muy cierto, esposo mío, muy cierto. Y este poeta menciona que el palacio parece resplandecer como un millón de luciérnagas cuando está iluminado por la luz de los faroles.

Emperador: —¡Y así es! Pero ¿qué es esto? El escritor dice: "El ruiseñor es la más encantadora de todas las cosas". ¿Qué ruiseñor? ¡Nunca nadie me habló de ningún ruiseñor! En cambio, tengo que leer sobre él en un libro. Cortesano, mándeme a mi chambelán inmediatamente.

Narrador: El chambelán era el caballero del emperador. Tenía tantos aires de grandeza que si alguien de rango inferior le hablaba, él apenas respondía "¡Pff!".

Chambelán: —¿Deseaba verme, Su Majestad Imperial?

Emperador: —Acabo de leer en este libro muy sabio que un sorprendente pájaro llamado ruiseñor vive en mi jardín. ¿Por qué no me has contado sobre él?

Chambelán: —¿Ruiseñor, Su Majestad? Nunca he escuchado ese nombre. Estoy seguro de que nunca fue presentado en la corte.

Emperador: —Bien, te ordeno que lo traigas esta noche para que cante para mí. ¡Imagínate! El mundo entero sabe que poseo esta maravilla y yo no sé nada.

Chambelán: —Es la primera vez que lo escucho nombrar. Pero si existe, lo encontraré y se lo traeré.

Narrador: El chambelán no tenía idea de por dónde empezar a buscar. Corrió escaleras arriba y luego escaleras abajo. Corrió por todas las habitaciones y corredores del palacio preguntando a todos si habían escuchado hablar del ruiseñor. Pero nadie sabía nada.

Chambelán: —Su Majestad, la historia del ruiseñor debe haber sido inventada por el escritor. Quizá no debería creer todo lo que lee. Se inventan cosas para entretener a las personas.

Emperador: —Lo leí en un libro que me envió el emperador de Japón. ¡Debe ser cierto! ¡Insisto en escuchar cantar al ruiseñor esta misma noche! Si no aparece, todos los cortesanos serán responsables.

Narrador: Una vez más, el chambelán corrió escaleras arriba y escaleras abajo, y por todas las habitaciones y corredores. Esta vez, la mitad de la corte fue con él, ya que nadie quería que el emperador lo considerara responsable. Les preguntaron a todos sobre el ruiseñor. Para su sorpresa, parecía que el ruiseñor era conocido por el mundo entero, excepto por las personas de la corte. Por fin, llegaron a la cocina imperial, donde encontraron a una joven cocinera fregando las ollas.

Cortesano 1: —Hemos recorrido todo el palacio buscando información sobre un ruiseñor que, según se dice, vive en los jardines imperiales.

Cortesano 2: —¿Sabes algo sobre un pájaro semejante?

Cocinera: —Sí, por su puesto que conozco al ruiseñor. Todas las noches, llevo las sobras de comida a mi madre enferma que vive cerca del mar. Mientras atravieso el bosque, con frecuencia escucho al ruiseñor. Su canto es tan precioso que me hace llorar.

Chambelán: —Pequeña cocinera, si nos guías hasta el ruiseñor, yo me encargaré de que se te otorgue un puesto permanente en la cocina imperial. Es más, se te permitirá ver cenar al emperador.

Narrador: Así que la pequeña cocinera, el chambelán y la mitad de la corte partieron hacia el bosque en el que vivía el ruiseñor. En el camino, se detenían a admirar los paisajes y los sonidos del bosque. Su belleza silvestre era diferente de la perfección del palacio. Recorrieron cierta distancia y escucharon una vaca mugir.

Dama 1: —Ah, ¡ahí está!

Dama 2: —¡Caramba! Qué voz poderosa para una criatura tan pequeña.

Cortesano 2: —¡Qué extraño! Estoy seguro de que la he escuchado antes.

Cocinera: —¡Caray! Eso no es el ruiseñor. Es sólo una vaca. Todavía tenemos un largo camino por recorrer.

Narrador: Entonces, escucharon a unas ranas croando en un estanque.

Cortesano 1: —¡Escuchen! ¡Ahí está!

Dama 1: —¡Encantador! Tiene voz de campanillas.

Cocinera: —No, ésas que escuchan son ranas, pero ya no falta mucho.

Ruiseñor: [*Canto del ruiseñor*].

Cocinera: —Ahí, ¡ése es el ruiseñor! Está en esa rama.

Chambelán: —¿De verdad? Nunca me imaginé que era tan... bueno... tan pequeño, gris y común y corriente. ¡En fin! Quizá estar rodeado de tantos miembros distinguidos de la corte imperial ha hecho que su color pierda intensidad.

Cocinera: —Pequeño ruiseñor, nuestro gentil emperador desea escucharte cantar.

Ruiseñor: —¡Será un placer!

Chambelán: —Excelente cantante, tengo el honor de ordenarte que te presentes esta noche en la corte. Allí, entretendrás a Su Majestad Imperial con tu canto cautivador.

Ruiseñor: —Mi canto suena mejor al aire libre. Aquí la música tiene la libertad de ir donde las brisas la lleven pero como es el deseo del emperador, los acompañaré al palacio.

Narrador: En el palacio, todo había sido fregado y pulido para la ocasión. Se colocaron flores con diminutas campanillas colgando en todos los corredores. Con tantas idas y venidas, las campanillas repicaban y tintineaban tanto que las personas tenían que gritar para que las puedan escuchar.

Emperador: —¿Está todo listo? ¿Dónde está la percha de oro para el ruiseñor?

Emperatriz: —¡Oh! Está colocada allí, al lado de tu trono de oro.

Emperador: —Bien. Que entre la corte.

Narrador: La corte entera, vistiendo sus más finos trajes, se reunió para escuchar al ruiseñor. Incluso la pequeña cocinera, ahora asistente del cocinero imperial, escuchaba desde la entrada. Todos los ojos estaban posados sobre el ruiseñor. Cuando el emperador asintió, el pequeño pájaro gris comenzó a cantar.

Ruiseñor: [*Canto del ruiseñor*].

Narrador: Cantó tan maravillosamente que los ojos del emperador se llenaron de lágrimas y rodaron por sus mejillas.

Emperador: —Pequeño ruiseñor, has derretido mi corazón. Te daré mi zapatilla de oro para que la cuelgues de tu cuello.

Ruiseñor: —Gracias, Su Majestad pero he visto lágrimas en sus ojos y no hay recompensa más valiosa para mí.

Narrador: Y así, el ruiseñor cantó otra vez. ¡Qué éxito! Desde ese día, se vio obligado a permanecer en la corte. Además de la percha, tenía una jaula de oro. Dos veces por día y una vez por la noche, se le permitía salir, acompañado por doce sirvientes. Cada uno de ellos llevaba una cinta de seda, atada a las patas del ruiseñor.

Ruiseñor: —El emperador es amable y generoso, mi jaula de oro sin duda vale una fortuna. Sin embargo, para una criatura silvestre, una jaula de oro no es más que una celda dorada y mis doce sirvientes bien podrían ser doce carceleros. ¡Cómo añoro la libertad del bosque!

Narrador: La vida continuó así hasta que un día llegó al palacio un gran paquete. La palabra "Ruiseñor" estaba escrita con esmero en la parte externa.

Heraldo: —Su Majestad Imperial, le traigo este presente de parte del emperador de Japón.

Emperador: —Quizás sea otro libro sobre mi famoso ruiseñor. A ver, déjame abrirlo.

Narrador: Pero no, no era un libro. Allí, dentro de una caja de terciopelo, había un ruiseñor mecánico. Se veía exactamente igual que el pájaro real, sólo que en lugar de plumas, estaba cubierto de oro y plata con incrustaciones de diamantes, rubíes y zafiros. La corte entera lanzó un grito ahogado de admiración y placer.

Chambelán: —Aquí está la llave, Su Majestad. Si lo desea, le daré cuerda.

Pájaro mecánico: [*Canto del pájaro mecánico*].

Emperatriz: —¡Qué adorable! Está cantando una de las canciones del ruiseñor.

Dama 2: —Miren cómo se mueve su cola de arriba abajo mientras canta.

Emperador: —¡Qué buen regalo! ¿Dónde está el heraldo que lo trajo?

Heraldo: —Aquí estoy, Su Majestad Real.

Emperador: —A ti, por traerme este regalo, otorgo el título de Gran Portador Imperial del Ruiseñor. Ahora, escuchemos cantar a los dos ruiseñores juntos.

Emperatriz: —¡Sí! ¡Qué gran dúo harán!

Narrador: Entonces, los dos pájaros cantaron juntos, pero el dúo no fue satisfactorio. El ruiseñor real cantó libremente a su manera, mientras que el pájaro mecánico cantó como un reloj.

Emperador: —Maestro de música, los pájaros no cantan bien juntos. ¿Puedes explicar por qué?

Maestro: —El pájaro mecánico no ha fallado, Su Majestad. Ha mantenido el compás a la perfección. Es más, canta tan bien que parece que yo mismo le hubiera enseñado.

Narrador: Entonces, el pájaro adornado con joyas cantó por sí solo. Era tan popular en la corte como el pájaro del bosque. Además, era mucho más lindo para mirar.

Pájaro mecánico: [*Canto del pájaro mecánico*].

Narrador: Cantó su única canción una y otra vez, treinta veces según la cuenta del chambelán, sin cesar. Mientras todos asentían acompañando el ritmo de la canción, el ruiseñor real voló inadvertido hacia la ventana.

Ruiseñor: —Le dejaré mi lugar al pájaro adornado con joyas. Como no es un ser viviente, no le importará estar en la jaula de oro. Y su canto sonará igual sin importar dónde esté. Y yo..., yo regresaré a la libertad de mi hogar, el bosque.

Narrador: Con eso, el ruiseñor se alejó volando del palacio de porcelana, de la jaula de oro y de los doce sirvientes con cintas de seda. En ese momento, el emperador volvió a llamar al otro pájaro cantor.

Emperador: —Es hora de que cante mi ruiseñor real. ¡Ruiseñor! ¿Ruiseñor? ¿Dónde está?

Chambelán: —¡Caramba! Se ha marchado. Debe haber volado a través de la ventana abierta.

Emperatriz: —¡Qué pájaro desagradecido!

Cortesano 1: —Y después de todos los favores que recibió aquí, en la corte.

Chambelán: —Afortunadamente, todavía tiene el mejor pájaro, Su Majestad.

Maestro: —El chambelán tiene razón, Su Majestad Imperial. Verá, con el ruiseñor real, usted nunca sabe qué va a escuchar. Pero con el pájaro mecánico, todo ha sido establecido con antelación. Con este pájaro, no hay sorpresas; usted siempre sabrá exactamente qué es lo que va a cantar.

Toda la corte: —Sí, sí, ¡tiene mucha razón!

Narrador: Al día siguiente, el emperador le ordenó al maestro de música que le mostrara el pájaro mecánico al público. El pescador y su esposa estaban entre la multitud.

Esposa: —Es en verdad muy hermoso. Y su sonido es . . . bueno . . . casi como el del ruiseñor real.

Pescador: —Es cierto, esposa mía, es una buena imitación. No obstante, le falta algo. A diferencia de este pájaro mecánico, nunca supe con certeza cómo iba a sonar el ruiseñor. Siempre había algo fresco y sorprendente en su canto. A pesar de la belleza de este pájaro mecánico, prefiero el canto del pequeño ruiseñor sin gracia.

Narrador: Pero la opinión del pescador no tenía importancia y poco después de la llegada del pájaro mecánico, el emperador desterró al ruiseñor real de su imperio. Conservaba al pájaro adornado con joyas sobre un almohadón de seda a un lado de su lecho, y lo ascendió a Gran Cantante Junto a la Cama Imperial. Pasó un año. Entonces, una noche, mientras el emperador estaba sentado escuchando al pájaro, ocurrió algo terrible.

Pájaro mecánico: [*Canto del pájaro mecánico, seguido por R-R-R-R-r-r-r- . . .*].

Emperador: —¿Qué sucede?

Emperatriz: —¡Algo se quebró!

Chambelán: —¡Algo se rompió!

Emperador: —Traigan al médico de la corte de inmediato.

Narrador: El médico de la corte no pudo hacer nada, por lo tanto mandaron a llamar al Relojero Imperial. Luego de una revisión larga y meticulosa, pudo hacer funcionar al pájaro de nuevo.

Relojero: —He reparado el mecanismo, Su Majestad Imperial, pero los engranajes están gastados y no pueden reemplazarse. Cantará, pero nunca sonará exactamente como antes. Además, debo sugerir que no se le dé cuerda muy seguido. Para proteger el mecanismo, recomiendo que cante apenas una vez por año.

Emperador: —¡Apenas una vez por año! Bueno, si así es, así será. Aún es el mejor pájaro cantor de mi imperio.

Narrador: Cinco años pasaron y, en todo ese tiempo, el pájaro adornado con joyas cantó apenas cinco veces. Pero incluso en esos momentos, era demasiado esfuerzo. Al cabo de ese tiempo, una gran tristeza invadió la tierra. El emperador cayó tan enfermo que se decía que no viviría. Las personas esperaban en la calle para conocer su estado de salud. Cuando le preguntaban al chambelán, él sólo sacudía la cabeza.

Chambelán: —El emperador está realmente muy grave.

Narrador: Se eligió un emperador nuevo y toda la corte se apresuró a presentarle sus respetos. En tanto, el viejo emperador yacía solo en su magnífico lecho con cortinas de terciopelo y borlas doradas. A través de una ventana abierta, la luna brillaba sobre él y el pájaro mecánico que estaba a su lado.

Emperador: —Estoy solo y tengo frío. . . ¡Música! Necesito música para alegrarme. Pequeño pájaro de oro, te imploro: canta para mí. Te he dado piedras preciosas y hasta he colgado mi zapatilla de oro alrededor de tu cuello. ¡Canta! ¡Canta!

Narrador: Pero sin nadie que le diera cuerda, el pájaro estaba en silencio. De repente, el sonido de un bello canto flotó a través de la ventana abierta del emperador.

Ruiseñor: [*Canto del ruiseñor*].

Emperador: —¿Ruiseñor? Ruiseñor, ¿en verdad eres tú?

Ruiseñor: —Sí, supe acerca de tu enfermedad y vine a traerte esperanza y júbilo.

Emperador: —Oh, ruiseñor, ¡gracias! Te desterré, y aun así has regresado para confortarme. ¿Cómo podré agradecerte?

Ruiseñor: —Ya lo has hecho con las lágrimas que derramaste la primera vez que canté para ti. Las lágrimas son las joyas que alegran el corazón del cantante. Pero descansa. Cantaré para que duermas y te despertarás fuerte y saludable.

Narrador: Cuando el emperador despertó, se sintió bien y renovado. El sol brillaba y el fiel ruiseñor todavía estaba cantando frente a su ventana.

Emperador: —Querido ruiseñor, debes quedarte conmigo por siempre. Puedes cantar lo que desees, cuando lo desees y yo romperé el pájaro mecánico en mil pedazos.

Ruiseñor: —Oh no, Su Majestad, no haga eso. El pájaro mecánico hizo lo mejor que pudo y siempre será algo bello a los ojos. Consérvelo junto a usted en su lugar habitual. En cuanto a mí, para cantar lo mejor que puedo, debo vivir en el bosque, con el cielo como techo y un nido como hogar. Pero le prometo que vendré todas las noches. Me sentaré en la rama que está frente a su ventana y cantaré para usted.

Emperador: —Veo que me he equivocado, mi amigo. Me has enseñado que una criatura silvestre no debe ser enjaulada. De ahora en más, se hará como tú desees. Serás libre de ir y venir como te plazca.

Narrador: Justo entonces, los cortesanos entraron en puntas de pie a la alcoba real esperando encontrar al emperador cerca de la muerte.

Chambelán: —Shhh. Mucho silencio, todos callados.

Emperador: —¡Buenos días a todos!

Cortesano 1: —Está … Está … ¡levantado!

Cortesano 2: —Está … Está … ¡bien!

Chambelán: —Su … Su … ¡Su Majestad!

Narrador: De ahí en adelante, el ruiseñor regresó todas las noches a cantar para el emperador, que vivió para reinar sabiamente por muchos años más.

© Macmillan/McGraw-Hill

¿QUIÉN LO HIZO? WOO LO SABE . . .

Anne M. Miranda

ELENCO:

Voz (fuera del escenario)	Señora Byrd
Señora Woo	Señor Lamb
Olivia Woo	Señora Holstein
Manny, el loro	Señor Colt
Detective Billie	Señor Boxer

AMBIENTE:
Una agencia de viajes

PRÓLOGO

[*El escenario está a oscuras*].

EFECTOS SONOROS:  [*Pasos, una puerta, que no está cerrada con llave, se abre y se cierra, pasos, la puerta de seguridad se abre y se cierra y se cierra con llave, pasos, una silla arrastrada por el piso, tintineo de llaves, clic de un interruptor, zumbido de una computadora*].

Voz: [*Susurro*] —A ver qué tenemos aquí . . .

EFECTOS SONOROS: [*Clics de un teclado de computadora*].

Voz: [*Cantando en voz baja*] —Aserrín, aserrán, los maderos de San Juan. Piden pan, no les dan. . .

ACTO I

[*Se encienden las luces*].

Señora Woo: —¡Buen día, Olivia! ¿Cómo dormiste? Te hice algunas tostadas y hay jugo de naranja en el refrigerador.

Olivia: —Gracias, mamá.

Señora Woo: —Bueno, ahora que termina el fin de semana del Día de los Caídos, tengo un calendario muy apretado para los próximos dos meses.

Olivia: —¡Estoy feliz porque estoy de vacaciones!

Señora Woo: —¡Qué afortunada! El verano es un buen momento para que la gente se relaje, pero no para los agentes de viaje. Todavía estamos ocupados planeando las vacaciones de otras personas. Hablando de planes. ¿Qué vas a hacer hoy?

Olivia: —No sé, mamá. Mi empresa de detectives está bastante tranquila estos días. Me pregunto si tiene algo que ver con este clima caluroso. Ha pasado bastante tiempo desde la última vez que tuve un trabajo de detective.

Señora Woo: —Sí, me di cuenta.

Olivia: —Si te parece bien, tal vez pase el día en tu oficina. Podría ayudarte en la computadora.

Señora Woo: —Eso sería estupendo, Olivia.

EFECTOS SONOROS: [*Golpe seco del periódico contra la puerta*]

Señora Woo: —Debe ser el periódico.

Olivia: —No te levantes, mamá. Yo lo traigo.

EFECTOS SONOROS: [*Una puerta se abre y se cierra, crujido de papel*].

Señora Woo: —¿Ves algo interesante?

Olivia: —¡Ya lo creo! Escucha esto: CUATRILLIZOS NACEN EN EL HOSPITAL MEMORIAL. ¡Qué te parece eso! ¡Nacieron cuatro bebés el Día de los Caídos!

Señora Woo: —¡Debe haber habido mucha agitación en el hospital! ¿Algo más?

Olivia: —Lo de siempre. . . . ¡No, espera! ¡No vas a creer esto! "ROBOS EL DÍA DE LOS CAÍDOS. Robaron cinco casas del vecindario durante el fin de semana del Día de los Caídos. Según la policía, en todos los casos, los dueños estaban de vacaciones. Los dueños fueron contactados y han autorizado la publicación de sus nombres. Las víctimas de los robos son: James y Carola Janson, 35 Maple Street; Victoria Temple, 249 Oak Street; Lisa y Jeff Campo, 19 Washington Avenue; Buzz Saw, 119 West Main Street; Keesha y Ben Owens, 310 Lincoln Drive".

Señora Woo: —Hmmm. . . . Esos nombres me son muy familiares. Déjame ver el periódico un momento, por favor.

Olivia: —¿Alguno de ellos es tu cliente?

Señora Woo: —Creo que todos lo son. Todos menos Buzz Saw, así es. Nunca escuché su nombre.

Olivia: —Mamá, ¿no recuerdas? Buzz Saw es esa estrella del rock de la que te hablé, la que recién se mudó a la ciudad. Su nombre real es Bob Jones.

Señora Woo: —¿Bob Jones? A ver, déjame hacer memoria. . . . ¡Claro! Ahora recuerdo. Su secretaria me llamó la semana pasada y me pidió que le reservara pasajes de avión con su nombre real. Le debe gustar viajar de incógnito. Es sólo que nunca hice la conexión.

Olivia: —Eso significa que todas estas personas son tus clientes.

Señora Woo: —Es verdad. ¡Qué coincidencia!

Olivia: —Yo diría que es más que una coincidencia, mamá. Es muy sospechoso. Mejor vayamos a la oficina y controlemos tus archivos ahora mismo.

Señora Woo: —¡Odio decirlo, Olivia, pero esto podría ser el misterio que estabas esperando. Vamos.

EFECTOS SONOROS: [*Ruido de tráfico, pasos*].

Olivia: —Muy bien, veamos. La puerta de la oficina no fue forzada y no hay ventanas rotas.

EFECTOS SONOROS: [*La llave gira en la cerradura, la puerta se abre y se cierra*].

Manny: —¡Brrr!. Buenos días, buenos días. ¿En qué puedo ayudarlo?

Olivia: —¡Ojalá pudieras, Manny! Sí, señor, ¡ojalá!

Manny: —¡Brrr! Aserrín, aserrán, los maderos de San Juan. Piden pan, no les dan... ¡Brrr!

Olivia: —Eh, Manny, aprendiste una canción nueva. Nunca te había escuchado cantar ésa. Me pregunto quién te la enseñó.

Señora Woo: —Bueno, es reconfortante. Todo parece estar tal y como lo dejé el viernes.

Olivia: —¿Y tus discos? ¿Falta alguno?

Señora Woo: —Guardo los discos en la caja fuerte con los pasajes. Aquí está la llave. Anda y contrólalos.

Olivia: —Bueno, ya la abrí. ¿Qué discos debo buscar?

Señora Woo: —Busca el que tiene las fechas de la semana pasada en el etiqueta.

Olivia: —Aquí está: del 25 al 31 de mayo. Sano y salvo. Comparemos los nombres con los de la lista del periódico.

Señora Woo: —Bueno, déjame ver en la computadora.

EFECTOS SONOROS: [*Una silla arrastrada por el piso, tintineo de llaves, clic de un interruptor, zumbido de una computadora, clics de un teclado de computadora*].

Señora Woo: —Hmmm. . . . Bueno, no quedan dudas. Todos son mis clientes. Esas personas salieron de vacaciones la semana pasada y yo hice sus planes de viaje.

Olivia: —Por alguna de esas casualidades, ¿les hiciste reserva en la misma aerolínea?

Señora Woo: —Lamentablemente no. Todos tenían distintos destinos, viajaron en aerolíneas diferentes y partieron en distintos días. Me temo que no hay absolutamente ninguna relación en eso.

Olivia: —Entonces, la única manera en la que el ladrón del Día de los Caídos pudo haber conseguido todos esos nombres es de tus archivos.

Señora Woo: —Así parece. Voy a llamar a la policía en este mismo instante.

EFECTOS SONOROS: [*Teléfono marcando*].

Señora Woo: —¿Hola? ¿Con el detective Billie, por favor? Soy la señora Woo, de la Agencia de Viajes Paraíso. . . . ¿Cómo? ¿Que está viniendo hacia acá? Ya veo. Gracias.

Olivia: —Mamá, ¡estoy segura de que el detective Billie no sospecha de ti!

Señora Woo: —Bueno, quizá no sospeche de mí. Pero hablando con las víctimas del robo, es probable que se haya dado cuenta de que yo tengo información sobre las vacaciones de cada una de ellas.

Olivia: —Pero es probable que alguien más haya tenido tenido acceso a esta información.

Señora Woo: —Sólo se me ocurre una manera.

Olivia: —Y es que hayan copiado el disco.

Señora Woo: —El problema es que no entiendo cómo. Para evitar que algo así ocurra, siempre guardo los discos en la caja fuerte y siempre apago la computadora antes de irme de la oficina. Soy la única que tiene esas dos llaves.

Olivia: —Exacto y no te olvides de que, cuando llegamos esta mañana, la puerta de la oficina estaba cerrada como siempre.

EFECTOS SONOROS: [*Golpean la puerta, la puerta se abre y se cierra*].

Detective Billie: —Buenos días, señora Woo. Hola, Olivia. Escuché en la radio de mi auto que había llamado a la estación, así que me imagino que se habrá dado cuenta de porqué estoy aquí. Debo decir que es una gran ayuda tener a "¿Quién lo hizo?" Woo aquí mismo en la escena.

Olivia: —Gracias, detective Billie.

Manny: —Vamos de paseo pi-pi-pi. ¡Brrr! En un auto feo, pi-pi-pi

Detective Billie: —Buenos días, Manny.
¡Y muchas gracias!

Olivia: —Ay, le pido disculpas por Manny, detective. No es su intención insultarlo. Le canta esa canción a todo el mundo.

Detective Billie: —Está bien. Ahora, dime, ¿qué has encontrado aquí?

Olivia: —Bueno, detective Billie, cuando supimos que todas las víctimas eran clientes de mamá, vinimos a ver si habían robado los archivos. Pero, primero, nadie había entrado a la oficina. Segundo, el disco de la computadora con los datos sobre los planes de viaje de estas personas estaba con llave en la caja fuerte. Y tercero, aunque alguien hubiera conseguido el disco, no podría haberlo copiado porque la computadora estaba apagada. Y aquí están las llaves, que ella tuvo en su poder durante todo el fin de semana, así que no se perdieron ni fueron robadas.

EFECTOS SONOROS: [*Ruido de llaves*].

Detective Billie: —Hmmm. Yo diría que las llaves son, sin duda, la clave de este misterio. Alguien debe haber copiado las llaves de la oficina, de la computadora y de la caja fuerte. ¿Puedo verlas, por favor?

Olivia: —Aquí las tiene. ¡Espere! ¡Mire eso! Esa cosa naranja parece cera.

Detective Billie: —Eso, mi joven detective, es exactamente lo que estamos buscando. Ésa es la clase de cera que se usa para hacer las impresiones de las llaves.

Olivia: —¡Eso sí es importante!

EFECTOS SONOROS: [*Suena el teléfono*].

Señora Woo: —Agencia de Viajes Paraíso. ¿En qué puedo ayudar? Sí. . . sí, está aquí. Es para usted, detective.

Detective Billie: —Soy Billie. ¿Qué pasa? Ajá. Bueno. Estaré allí en quince minutos.

EFECTOS SONOROS: [*Ruido del tubo del teléfono al colgar*].

Detective Billie: —Lo siento, ha surgido algo urgente. Tengo que irme, pero volveré más tarde para que continuemos nuestra charla.

Señora Woo: —Muy bien. Estaremos aqui.

EFECTOS SONOROS: [*La puerta se abre y se cierra*].

Olivia: —Mamá, no creo que el detective Billie sospeche de ti, pero me gustaría resolver esto. Comencemos por las llaves. Los robos ocurrieron el fin de semana, aunque algunos de tus clientes salieron de vacaciones varios días antes. Eso significa que el ladrón probablemente no haya tenido las llaves hasta el viernes. Por lo tanto, es probable que el ladrón haya estado aquí el viernes y . . .

Señora Woo: —¿Y qué?

Olivia: —Y como tú nunca dejas las llaves tiradas por ahí, probablemente se las hayas dado al ladrón por alguna razón en apariencia inocente. Empecemos por las personas que vinieron el viernes.

Señora Woo: —Aquí está mi libro de citas. Veamos, a las 10:15, vino la señora Holstein para planificar sus vacaciones. Al mediodía, vino el señor Boxer a buscar mi auto para repararlo. A la 1:30, vino el señor Colt para hablar de sus vacaciones. A las 2:30, vino el señor Lamb para recoger unos folletos de viajes. Y a las 5:30, vino la señora Byrd para limpiar la oficina.

Olivia: —Entonces, hubo cinco personas en la oficina el sábado. ¿Recuerdas si alguno pidió las llaves prestadas?

Señora Woo: —Bueno, la señora Byrd siempre usa las llaves para abrir el gabinete de insumos cuando viene a limpiar.

Olivia: —Ella es una.

Señora Woo: —¡Olivia! Tú sabes que ella es tan honesta como que todos los días sale el sol.

Olivia: —De acuerdo, pero la policía dirá que quien haya tenido acceso a las llaves es sospechoso. ¿Qué hay de los otros?

Señora Woo: —Bueno, el señor Boxer del taller, vino para controlar el ruido que noté en el motor. Tomó las llaves para probar el auto dando una vuelta a la manzana.

Olivia: —Con él son dos.

Señora Woo: —Hmmm. . . . La señora Holstein usó la llave del baño mientras estuvo aquí, y el señor Lamb, también.

Olivia: —¡Son cuatro! Todos tuvieron las llaves excepto el señor Colt.

Señora Woo: —¡Un momento! El señor Boxer partió apurado por una razón que desconozco. Así que, cuando vio que el señor Colt entraba, le dio las llaves a él para que me las devolviera.

Olivia: —¡Son cinco de cinco! Todos los que estuvieron aquí el viernes tuvieron en sus manos tus llaves en algún momento.

Señora Woo: —Olivia, algunas de esas personas volverán hoy.

Olivia: —¡Qué suerte! Tal vez podamos investigar por nuestra cuenta antes de que regrese el detective Billie.

Señora Woo: —¿Qué tienes en mente?

Olivia: —Bueno, una cosa que sabemos es que el ladrón del Día de los Caídos sabe cómo manejar tu computadora. Si podemos averiguar cuál de esas cinco personas sabe cómo operar una computadora como la tuya, eso nos dará una pista.

Señora Woo: —Es una idea genial, pero ¿cómo vamos a averiguarlo?

Olivia: —Soy una niña. Nunca sospecharán de mí. Los haré hablar de computadoras y actuaré como si yo no supiera mucho. Creo que caerán en la trampa.

Manny: —Sal de ahí, chivita, chivita. Sal de ahí, de ese lugar.

Olivia: —¡Qué lástima que Manny no puede decir nada. Estoy segura de que él sabe.

ACTO II

EFECTOS SONOROS: [*Golpean a la puerta, la puerta se abre y se cierra, pasos*].

Olivia: —Hola, señora Byrd. ¡Parece contenta esta mañana!

Manny: —Vamos de paseo, pi-pi-pi. ¡Brrr!
En un auto feo, pi-pi-pi.

Señora Byrd: —¡Ese Manny! ¡Es un loro tan
inteligente! Hablamos todo el tiempo.
A veces, hasta le enseño alguna canción.

Olivia: —Ah, ¿en serio? Acaba de aprenden una
nueva. ¿No fue usted quien le enseñó
"Aserrín, aserrán"?

Señora Byrd: —No, pero una vez le enseñé "Que llueva,
que llueva, la vieja está en la cueva". La
aprendió enseguida. Bueno, vine a buscar
mi paga.

Aserrín,
aserrán

Señora Woo: —Por supuesto, señora Byrd. ¿Por qué
no se sienta mientras preparo su cheque?

Señora Byrd: —Gracias. Me quedaré aquí.

Olivia: —Cuando estuvo aquí el viernes a la
tarde, ¿no encontró un disco de juegos
por ahí?

Señora Byrd: —¿Qué es un disco de juegos?

Olivia: —Un disco de computadora. Usted sabe,
una cosa pequeña, cuadrada, negra con
un agujero en el centro.

Señora Byrd: —Tu madre nunca deja nada fuera de
lugar. ¿Por qué no buscas en esa caja que
está sobre el escritorio? Creo que allí es
donde guarda esas cosas cuando está
trabajando en su computadora.

EFECTOS SONOROS: [*Se abre y se cierra una puerta*].

Señora Woo: —Buenos días, señor Lamb.

Manny: —Vamos de paseo, pi-pi-pi. ¡Brrr! En un
auto feo, pi-pi-pi.

Señora Woo: —¡Basta, Manny! No esperaba verlo hoy, señor Lamb. ¿Decidió ir a la Bahía Sheepshead?

Señor Lamb: —En realidad, cambié de opinión. Decidí hacer ese crucero por el mundo con el que siempre soñé. Éste es un buen momento para hacerlo. ¿Cree que pueda arreglarlo? Me gustaría partir cuanto antes.

Señora Woo: —¿Un crucero por el mundo? ¡Qué afortunado, señor Lamb! Hablaremos en cuanto termine con la señora Byrd.

Señora Byrd: —Oh, yo no tengo apuro. Atienda al señor Lamb. Le voy a dar de comer a Manny y a cambiarle el agua mientras espero.

Señora Woo: —Gracias, señora Byrd. . . Ah, qué pena, la computadora de reservas no funciona. Hay un mensaje que dice que el servicio se reanudará en unos pocos minutos. Señor Lamb, me temo que tendremos que esperar.

EFECTOS SONOROS: [*La puerta se abre y se cierra*].

Olivia: —Buenos días, señora Holstein. ¡Qué lindo día, ¿no?

Manny: —Vamos de paseo, pi-pi-pi. ¡Brrr! En un auto feo, pi-pi-pi.

Señora Holstein: —¿Quién le enseñó a ese pajarraco esa canción tan ridícula?

Olivia: —Lo siento, señora Holstein. ¿En qué puedo ayudarla?

Señora Holstein: —Sólo pasé para recoger mis pasajes. Me voy de vacaciones mañana. Estoy muy entusiasmada.

Señor Lamb: —Ah, Bermuda... ¡arena rosada y cielos soleados!

Señora Byrd: —Oh, sí, escuché que Bermuda es muy bello en esta época del año.

Olivia: —¡Guau! Señora Holstein, discúlpeme por interrumpir, pero ¿ese auto deportivo rojo que está en el frente es suyo?

Señora Holstein: —Sí, ¿no es una belleza? Heredé un dinero que no esperaba y decidí darme un gusto. ¿Están listos mis pasajes?

Señora Woo: —Sus pasajes están listos, pero me gustaría revisar otra vez los asientos asignados. ¿Podría esperar unos minutos? La computadora de reservas está temporariamente fuera de servicio.

Señora Holstein: —¿Fuera de servicio? ¿Qué significa eso?

Señor Lamb: —La señora Woo obtiene la información de una computadora central y, a veces, no funcionan bien los equipos. Por lo general, no hay que esperar mucho hasta que solucionan el inconveniente.

Olivia: —La he visto usando la computadora en la biblioteca, señora Holstein. ¿No es como la de mi mamá?

Señora Holstein: —No, no, son computadoras diferentes y usamos un programa distinto. Debo confesar que recién estoy aprendiendo algo sobre computadoras, el sistema de la biblioteca es el único que conozco.

Señor Colt: —Toc, toc. ¿Hay alguien aquí? ¿Cómo están todos?

Señora Woo: —Hola, señor Colt. Tome asiento, por favor.

Manny: —Vamos de paseo, pi-pi-pi. ¡Brrr! En un auto feo, pi-pi-pi.

Señor Colt: —Me gustaría que Manny supiera una linda canción de vaqueros como "Allá en el rancho grande". Se la enseñaría yo mismo, pero soy muy desafinado. Bueno, suficiente de música. Vine para recoger unos pasajes.

Señora Holstein: —Ah, ¿usted también se va de vacaciones?

Señor Colt: —Sipi, ¡y estoy ansioso! ¡Artemisas! ¡Plantas rodadoras! ¡Aire libre!

Señor Lamb: —Oh, Texas, el estado de la estrella solitaria. ¿Alguna vez. . .

Señor Boxer: —Discúlpenme, la puerta estaba abierta. Hola a todos. Hola Manny.

Manny: —Vamos de paseo, pi-pi-pi. ¡Brrr! En un auto feo, pi-pi-pi.

Señora Woo: —¡Señor Boxer! Tenemos que ajustar cuentas. No me arregló el auto el viernes.

Señor Boxer: —Sabía que estaría en problemas. Verá, señora Woo, su auto no tenía nada grave y yo estaba muy preocupado por mi esposa. Entonces, me apresuré por llegar a casa. Y llegué justo a tiempo. La llevé al hospital enseguida.

Señora Woo: —¡Por Dios! ¿Estaba herida? ¿Es grave?

Señor Boxer: —No, no, todo está muy bien. Mi esposa tuvo cuatrillizos el Día de los Caídos. Dos niñas y dos niños, todos están muy bien, gracias.

Olivia: —¡Ah! Leímos el titular en el periódico esta mañana, pero no nos dimos cuenta de que hablaba de usted.

Señora Woo: —Y su esposa, claro.

Todos: —¡Felicitaciones!

Señora Byrd: —Criar cuatro hijos demandará mucho dinero.

Señor Boxer: —Es verdad, pero nos las arreglaremos. Dígame, ¿qué es ese parpadeo?

Señora Woo: —Ah, es la bombilla fluorescente que está por quemarse. Iré abajo y traeré la escalera y una bombilla nueva.

EFECTOS SONOROS: [*Pasos, se abre la puerta*].

Señor Colt: —Si es mi disco el que está en la máquina, puedo ver si mi vuelo fue reservado.

Señor Lamb: —Primero tendrá que abrir su archivo. La señora Woo estaba trabajando en el mío.

Olivia: —Tendrá que esperar, señor Colt. La computadora de reservas central está fuera de servicio. Tal vez ya la hayan arreglado, pero yo no sé cómo averiguarlo.

Señor Colt: —Déjame intentarlo. Por algo me llaman el "hacker".

Señor Boxer: —Tal vez yo pueda ayudarlo. Usamos la misma computadora en el taller.

Señora Woo: —Ya volví. Perdónenme por tardar tanto, pero tuve que ir a buscar un destornillador. ¿Qué están haciendo todos en mi computadora?

Olivia: —Está bien, mamá. Sólo estamos tratando de averiguar si la computadora central ya está funcionando de nuevo.

Señora Woo: —Yo me encargo. Pero antes tengo que arreglar esa luz que parpadea. Sólo me llevará un minuto.

Señor Lamb: —¿La puedo ayudar, señora Woo? Soy muy hábil, no hay nada mecánico o eléctrico que no pueda arreglar. Cambiaré la bombilla en un santiamén.

Señora Woo: —Gracias, señor Lamb. Volveré a esa computadora.

EFECTOS SONOROS: [*Ruido metálico de herramientas*].

Señor Lamb: [*Cantando bajito*] —Aserrín, aserrán, los maderos de San Juan.

Señor Colt: —Tal vez sea mejor que vuelva más tarde.

Señor Boxer: —¿Necesita que lo acerque? Voy al centro.

Señor Lamb: [*Cantando bajito*] —Piden pan, no les dan.

Señora Woo: —Lamento hacerla esperar tanto, señora Byrd.

Señor Lamb: [*Cantando bajito*] —Piden queso, les dan un hueso.

Señora Byrd: —No hay problema, señora Woo. Me estoy entreteniendo.

EFECTOS SONOROS:	[*La puerta se abre y se cierra*].
Detective Billie:	—He vuelto, señora Woo. ¡Hum! ¡Atención! Esta oficina está bajo investigación en relación con los robos del Día de los Caídos. Tendré que pedirles a todos que salgan en este instante.
Sra. Byrd y Sr. Lamb:	—¿Bajo investigación?
Sr. Colt y Sra. Holstein:	—¿Robos?
Señor Boxer:	—¡Santo Cielo!
Olivia:	—Discúlpeme, detective Billie. El ladrón del Día de los Caídos está en esta habitación en este momento. Estoy segura.
Señora Holstein:	—Es mejor dejar el trabajo policial a la policía, jovencita.
Detective Billie:	—Yo me encargaré de esto, señora. Esa es una acusación muy grave, Olivia. ¿Qué pruebas tienes?
Olivia:	—El ladrón del Día de los Caídos copió los archivos de los clientes de mi madre. Así es como averiguó qué casas estarían vacías durante el fin de semana, ¿sí?
Detective Billie:	—Es muy probable. Continúa.
Olivia:	—Como usted dijo, el tema está en las llaves. La señora Byrd usa las llaves de mamá todas las semanas cuando limpia la oficina. Podría haber hecho impresiones de cera. Pero ella ha trabajado para mi madre durante mucho tiempo y nunca ha tomado ni siquiera un alfiler. Además, no sabe absolutamente nada sobre computadoras.

Señora Byrd: —Tiene razón. No sé nada sobre computadoras.

Olivia: —La señora Holstein acaba de heredar mucho dinero. ¿Ve su caro auto nuevo afuera? El viernes pidió las llaves del cuarto de baño. Usa una computadora en la biblioteca, pero no conoce el programa que usa mi mamá. El ladrón tiene que conocerlo para encender la computadora y copiar el disco.

Señora Holstein: —Es verdad. No sé nada sobre la computadora de su madre.

Olivia: —Nos queda el señor Boxer. Él tomó las llaves el viernes para probar el auto de mi mamá. También sabe mucho de computadoras. De hecho, en el taller, tiene una idéntica. Además, como la señora Byrd señaló, él realmente necesita dinero en estos momentos.

Señor Boxer: —Pero yo estuve en el hospital desde el viernes a la tarde hasta el martes a la noche.

Olivia: —Sí, creo que todos estamos de acuerdo en que el señor Boxer tiene una buena coartada para el fin de semana largo.

Detective Billie: —Muy bien, ¿quién sigue?

Olivia: —Bueno, el señor Boxer le pidió al señor Colt que le devolviera las llaves a mi mamá, así que el señor Colt pudo haber hecho una impresión. Encima, su apodo es "hacker." Un *hacker* puede hacer casi cualquier cosa con una computadora.

Detective Billie: —Entonces, él podría haber obtenido los nombres de las personas robadas.

Olivia: —Exacto.

Detective Billie: —¡Me suena sospechoso!

Olivia: —Aunque no estoy tan segura de que el señor Colt sea su hombre. No nos olvidemos de que el señor Lamb tuvo las llaves de mi mamá el viernes para usar el baño. También él sabe mucho de computadoras. Y hoy vino para cambiar sus planes de un viaje de fin de semana por un crucero por el mundo. Eso cuesta mucho dinero.

Detective Billie: —Pero ésa no es una prueba real.

Olivia: —Es cierto. Pero ¿cómo supo que la señora Holstein se iba a Bermuda y que el señor Colt se iba a Texas?

Señor Lamb: —Adiviné. Soy bueno para eso.

Detective Billie: —Bueno, Olivia, quizá no hayas resuelto el caso, pero al menos redujiste el número de sospechosos a dos, el señor Colt y el señor Lamb. Ahora, si los dos caballeros fueran tan amables de acompañarme a la estación para continuar el interrogatorio. . .

Olivia: —No creo que sea necesario, detective Billie. Verá, el ladrón debe poder cantar.

Detective Billie: —¿Cómo? ¿Qué tiene que ver el canto con todo esto?

Olivia: —Cuando mamá y yo llegamos esta mañana a la oficina, Manny cantaba una canción que nunca antes le habíamos escuchado. Mamá estuvo aquí hasta el viernes muy tarde. Eso significa que Manny tiene que haber aprendido esa canción entre la noche del viernes y la noche del lunes, un período durante el cual la oficina estuvo cerrada.

Detective Billie: —Te sigo.

Olivia: —Justamente ahora, el señor Lamb cantó esa misma canción cuando estaba cambiando la bombilla. Mi teoría es que el señor Lamb tiene la costumbre de tararear o cantar mientras trabaja. Creo que él cantó "Aserrín, aserrán" cuando estuvo aquí copiando los archivos.

Señor Lamb: —Más especulaciones. ¡Es ridículo!

Olivia: —Y, por último, el señor Lamb es muy hábil. Él mismo lo dijo. Si revisa su taller, estoy segura de que hallará la cera para las impresiones de las llaves, además de la máquina que hace copias de llaves.

Señor Lamb: —¡Maldita sea esa detective juvenil y su amigo emplumado!

Detective Billie: —Muy bien, vamos en silencio, señor Lamb. Gracias. "¿Quién lo hizo?" Woo, ¡lo hiciste de nuevo!

Señora Woo: —Olivia, ¡eres fenomenal!

Olivia: —Gracias, mamá. El señor Lamb resultó ser un lobo disfrazado de cordero. ¡Ah! Debemos agradecer a Manny. Sin él, nunca habríamos resuelto este caso.

Aserrín, aserrán

Manny: —Aserrín, aserrán, los maderos de San Juan. Piden pan, no les dan. Piden queso y les dan un hueso y al pícaro sinvergüenza que no robará nunca más se lo llevan preso. ¡Brrr! ¡Brrr!

Pensar en voz alta
HOJAS REPRODUCIBLES

Me pregunto...

Hice una conexión cuando...

Pensar en voz alta: Hoja reproducible 3

Pensar en voz alta: Hoja reproducible 5

Creí que _____ era importante en este texto porque...

Esto trata
sobre...

Cuando leí _____, tuve que volver a leer, leer una vez más y continuar leyendo.

ÍNDICE LITERARIO POR GÉNERO

HACHIKO: LA VERDADERA HISTORIA DE UN PERRO FIEL, translated from HACHIKO: THE TRUE STORY OF A LOYAL DOG by Pamela S. Turner. Copyright © 2004 by Pamela S. Turner. Used by permission of Houghton Mifflin Company

"Con sólo tocar un botón," translation of "At the Flick of a Switch" from EARTH LINES: POEMS FOR THE GREEN AGE by Pat Moon. Copyright © 1991 by Pat Moon. Used by permission of Greenwillow Books/HarperCollins Publishers.

BALLENA EN EL CIELO, translated from WHALE IN THE SKY by Anne Siberell. Copyright © 1982 by Anne Siberell. Used by permission of E.P. Dutton, Inc.

"Largo viaje," translated from "Long Trip" by Langston Hughes. Copyright © _____ by Estate of Langston Hughes. Used by permission of Random House, Inc.

"Cabalgatas y lecturas," translation of "Reading and Riding" from *Storyworks*, September 2002, Vol. 10, Issue 1. Copyright © 2002 by Scholastic Inc. Used by permission of Scholastic Inc.

"Otro estreno, otro espectáculo," translation of "Another Op'nin', Another Show" from KISS ME, KATE by Cole Porter. Copyright © _____ by ___. Used by permission of Chappell and Co., Inc./Warner Chappell Music, Inc.

POR NUESTRA CUENTA, translation of excerpt from KON-TIKI: A TRUE ADVENTURE OF SURVIVAL AT SEA by Thor Heyerdahl, adapted by Lisa Norby. Copyright © 1984 by Random House, Inc. Used by permission of Random House, Inc.

"Pequeños artistas, grandes encantos," translation of "Small artist has a big appeal: Show features 12-year-old's work" by Fabiola Santiago from *The Miami Herald*, Thursday, June 5, 2003. Copyright © 2003 by The Miami Herald. Used by permission.

MISTY DE CHINCOTEAGUE, translation of excerpt from MISTY OF CHINCOTEAGUE by Marguerite Henry. Copyright © 1947, renewed 1975 by Marguerite Henry. Used by permission of Macmillan Publishing Company.

"Deseo de oro," translation of "The Golden Wish" from THE GOLDEN HOARD: MYTHS AND LEGENDS OF THE WORLD by Geraldine McCaughrean. Copyright © 1995 by Geraldine McCaughrean. Used by permission of Margaret K. McElderry Books, an imprint of Simon & Schuster Children's Publishing Division.

"La oscuridad es mi amiga," translation of "Darkness Is My Friend" from MOUSE TAIL MOON by Joanne Ryder. Copyright © 2002 by Joanne Ryder. Used by permission of Henry Holt and Company, LLC.

MARY ANNING Y EL DRAGÓN DE MAR, translated from MARY ANNING AND THE SEA DRAGON by Jeannine Atkins. Copyright © 1999 by Jeannine Atkins. Used by permission of Douglas & McIntyre Ltd.

"El aviador loco," translation of "The Flying Fool" by Thomas Fleming from *Boys Life*, Vol. 94, Issue 5 (2004). Copyright © 2004 by Boys' Life. Used by permission of Boy Scouts of America.

Cover Illustration: Robert Van Nutt

Illustration Credits: Gioia Fiammenghi, 9–12; Timothy Otis, 13–16, 25–28; Paige Billin-Frye, 17–20; Dan Krovatin, 21–24; Gershom Griffith, 29–32; Gil Ashby, 33–35; Gerry O'Neill, 36–38; Chi Chung, 39–43, 187–200; Barbara Pollack, 44–46, 201–222; Kelly Murphy, 47–49; Erin Eitter Kono, 50–55, 60–62; Susan Spellman, 56–59; Eva Cockrille, 63–66; Janet Hamlin, 67–69; Terri Murphy, 70–73; Jan Naimo Jones, 74–77; Joel Iskowitz, 78–82, 132–148; Robert Van Nutt, 86–88; Donald Cook, 89–92; Renee Daily, 93–95; Laurie Harden, 96–99; Wendland, 100–102; David Erickson, 103–108; Paula Valerie Sokolova, 109–114; Amanda Harvey, 115–119; Roman Dunets, 124–130; Betsy James, 149–163; Fian Arroyo, 164–184; Kate Flanagan, 185–186